OURHOME

# わたしがラクする服選び

OURHOME Emi



大和書房

# はじめに

「私、デニムを1本も持っていなくて、ぜーんぶウエストゴムやねん〜」

「服を選びに行くとき、できるだけ試着したくないんよね〜」

私がそう言うと、おしゃれ大好きな友人たちはとっても驚きます。

昔からインテリアや収納には興味があったし、特に収納に関しては整理収納アドバイザーの資格を取り、7年前から仕事として活動中です。

ですが、〝おしゃれ〟に関しては、ずっと自信がありませんでした。興味がないというわけではないけれど、有名なハイブランドは恥ずかしながらよくわからないし、持ってもいない。ハイブランドとローブランドの組み合わせで上手に着こなせるのは、とってもおしゃれな人のなせるワザだと思うのです。

だけれど、どんな服でもいいわけではなくて、たとえば生地感のこだわりや、あまり流行すぎないものがいいこと、自分に似合うパンツの丈の長さ。そういった細かいこだわりはすごくあるんです。

現在、仕事は整理収納アドバイザーとしての枠を超えて、オリジナルのものづくりを行い、オンラインショップを運営しています。仕事を始めたころは3歳だった双子は10歳となり、子育てもひと段落。汚れにくさや動きやすさを優先していたころとは違って、カジュアルから少しきれいめへと少しずつ変わってきています。

そんな中で自信がないまま年を重ねるのも少し恥ずかしい気がして、3年ほど前から、ほぼ毎日、自分の服装の写真を撮っていくことにしました。すると、似合う服、似合わない服、それだけではなく、メイクや髪型も、客観的に自分を見ることでわかったことがたくさんありました。気づいたポイントを少しずつ取り入れるうちに、以前より、「今日の、自分の服装いいかんじ！」と思える日が増えてきました。

ものすごくおしゃれに格好良く見られたいのではなく、自分がラクできて、清潔感があって、「あの人と話してみたいな！」そう思ってもらえる服装を心がけたい。

そんな私が、14冊目となる本著では、37歳の今「ちょうどいい」と思える服、仕組みを、失敗談もおりまぜて、等身大の自分を綴りました。

おしゃれを目指す本でも、おしゃれの理論がしっかりある本でもないけれど、ご覧くださったみなさまが読み終えたあとに「わたしも、自分の〝ちょうどいい〟をみつけたいな」と思ってくださったら幸いです。

# 暮らし全体をラクにしていきたい

家事も仕事も子育ても、
〝気持ちがラクになる〟
仕組みづくりが好きです。
「暮らし全体をラクにしたい！」と
ひとつずつ試行錯誤するうちに、
いつのまにか服の選び方も私にとって
ラクな方法ができあがっていました。
〝ラク〟というのは
時短や効率だけでなく、自分らしく、
自然体でいることも含みます。
気を張って過ごすより、
肩の力を抜いて本音で過ごす。
私自身がそんなふうに
変化してきたから、
服の選び方も大きな意味で
〝ラク〟になってきた気がしています。

# わたしらしい、〝ちょうどいい〟おしゃれがしたい

私が惹かれるのは〝その人らしさ〟。
有名なモノももちろんいいけれど、
それよりも、いろんなモノの中から
その人だけの視点で選ばれたことに
「いいな」「すてきだな」と
感じることが多いのです。

そんな私自身の服選びのポイントは、
やっぱり〝ラクする〟こと。
そして、ただラクなだけではなくて
ベーシックだけど、普通すぎず
自分らしいおしゃれをすること。

人に会うことの多いお仕事なので、
「仲良くなりたいな！」
「話してみたいな！」と
思ってもらえるような柔らかい印象でいたい、
とも思っています。

自分が服に求めることがわかれば、
自然とおしゃれもオリジナルなもの、
〝ちょうどいい〟ものに
なっていく気がしています。

# 服に時間をかけたくない

20代の頃は今の4倍は服に時間を取られていました。自分のスタイルが決まっていなかったし、毎日違う服を着ようとあれこれ考えて……。

それが今では服にほとんど時間をとられない生活になりました。それは、育児も仕事もしている中で服に割く時間がなくなり、でも裸でいるわけにも

買いものする
時間を減らす

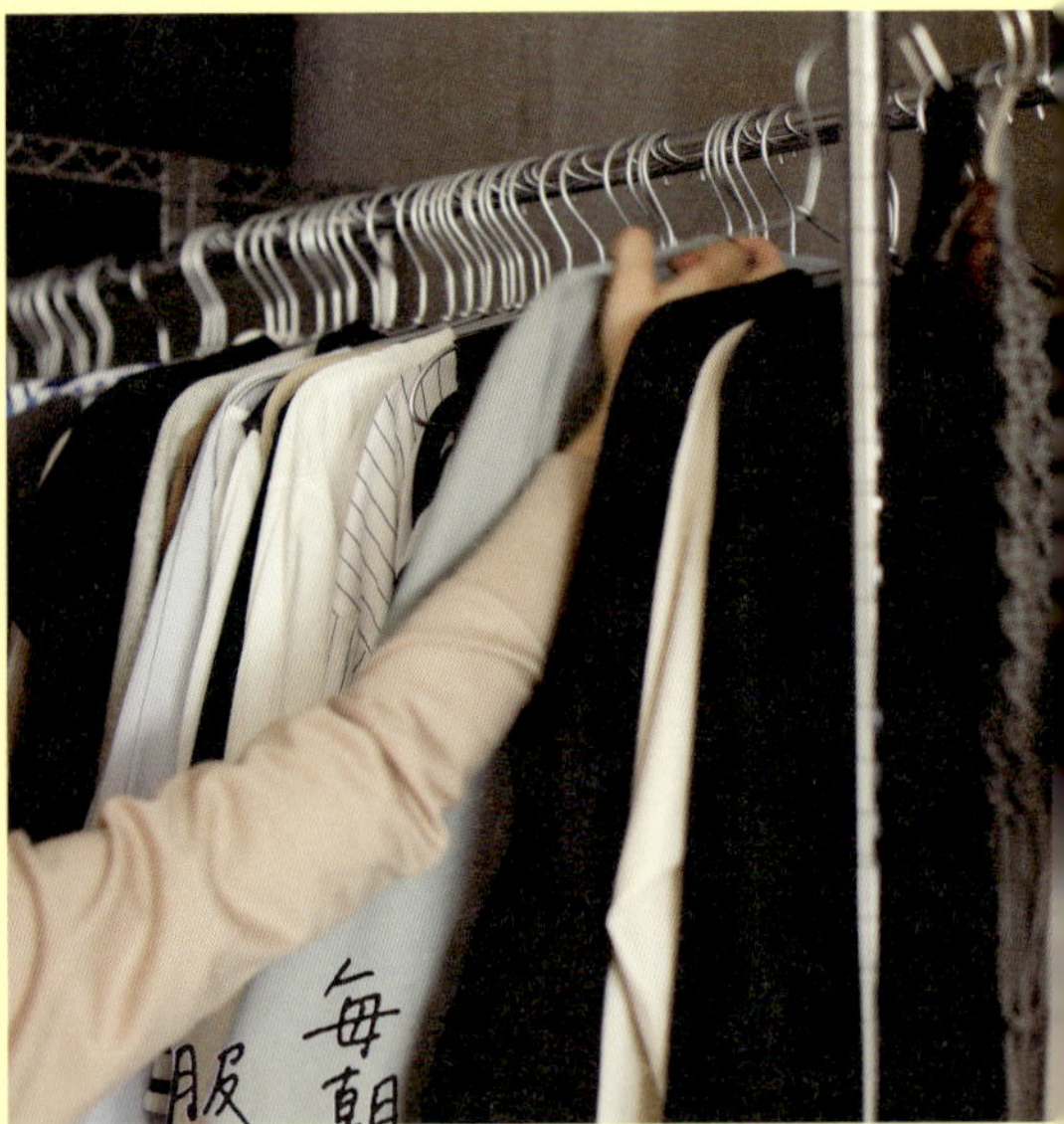

毎朝
服を選ぶ
時間を減らす

いかない（笑）、できれば〝いい感じ〟でいたい……そのためにいろんなルールを持つようになったからです。

　すると服にとらわれることがなくなり、以前と比べてとても快適に！　今まで服にかけている時間がどれだけあったのか気づかされました。自分が心地いいなら何度同じ格好をしてもいい、収納や仕組みをシンプルにすればいい、とどんどん手放すことができるようになってきました。

洗濯・手入れの時間を減らす

服を手放す時間を減らす

もくじ

chapter

# 1

# わたしがラクする服選び

「どうやって服を選んでいるの？」と聞かれたとき、私の服選びにはすべて“ラクをする”ための視点があることに気づきました。この章ではそんなラクするポイントごとに私の服の選び方をご紹介します。

# 毎朝、着る服は10秒で決める！

朝の服選びにかける時間は約10秒！
靴やボトムから決めず、必ずトップスから選びます。
20代の頃は前日に服を決めたりしていたけれど、
その日そのときの気分で決めていい、と
色々なことを手放せるようになってきました。

## 毎朝10秒でコーディネートが決まるワケ

# 着回しはできなくていい

「着回しができなくてもいい」と割り切ってから、朝の服選びが簡単になりました。「このトップスにはこのボトム」と基本の組み合わせパターンが決まっているので迷いません。そもそも服を買うときに手持ちの服との組み合わせがいくつか思いつくモノを買うようにしているので、自然に組み合わせが出来上がっているんです。たまに「このボトムにも合う！」と発見できたらそれはラッキー、くらいの感覚です。

以前は「着回ししないと」と思っていたけれど、年を重ねるにつれて「人は誰かの服のことなんてそんなに覚えてないんだな」とわかってきました（笑）。さすがに柄や色が派手で印象的なものは記憶に残るので、ベーシックな色を中心に選んでいます。

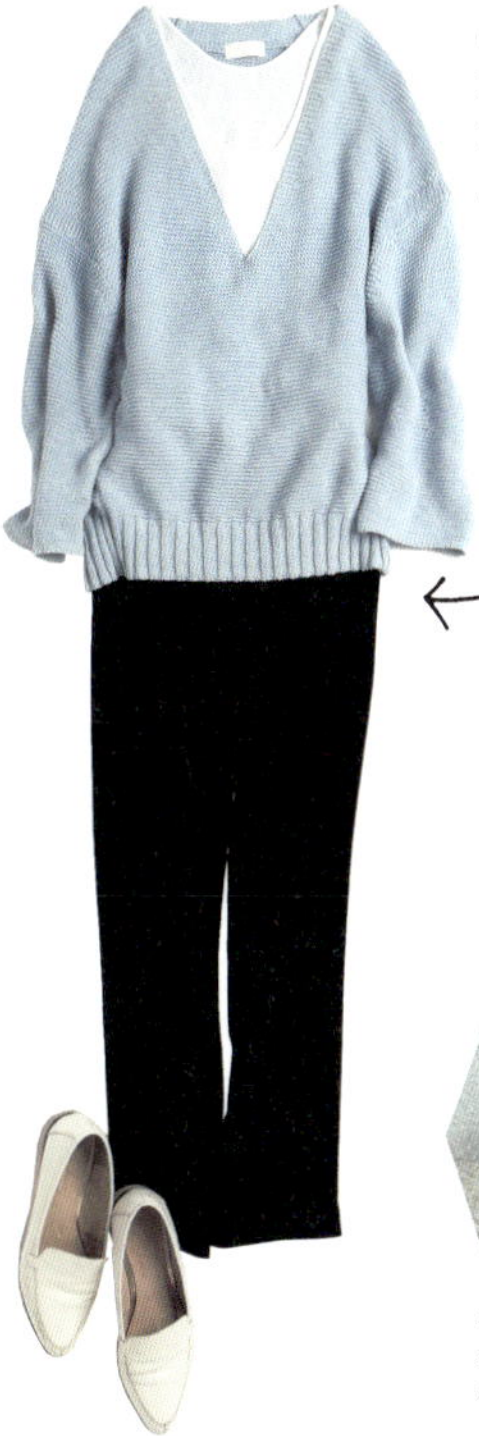
このセーターには
このパンツ

この水色ニットには白のタンクトップを入れるとバランスが◎。必ず黒のパンツとセットで着ています。

ニット／Ballsey
タンクトップ／BASIC AND ACCENT
パンツ／mizuiro ind

トップス、スカート／mizuiro ind

このシャツには
このスカート

シャツをボリュームのあるスカートにインするとバランスがいい。この組み合わせでしか着たことがありません（笑）。

# 困ったらワンピース

# 2

時間がない日、どんな格好をするか迷った日はワンピースに。1枚でサマになるし、コーディネートを考えなくていいし、締めつけないし……とワンピースはいいことだらけです。

「困ったらワンピースにすればいい」という選択肢を持っておくことは、コーディネートに迷ったときの受け皿になり、思いがけず自分の助けになります。

だから私は毎シーズン使いやすいワンピースを更新しています（ワンピース選びの詳細はP.35）。

ワンピース／Harriss

# バッグは1週間かえない

# 3

バッグは1週間同じものです。理由は毎日かえる余裕がないから……（笑）。そのため、通勤用のバッグはどんな服にも合うものを持ちます。

色はベージュ、黒、白などのベーシックカラー。素材は革が入っているものを選べばカジュアルにもきれいめにも合わせやすい気がします。印象的なバッグは服との相性を考えないといけないので、たまにしか使いません。

バッグ／OURHOME

## コーディネートの My Rule

### 腕をまくると バランスがよく見える

ちょっとしたことだけれど、工夫するとぐっと良くなると思うのが服の〝見せ方〟です。私は身長（164㎝）に対して腕が長めなので、袖を伸ばしたままだとバランスが悪く見えます。だから寒い季節でも頑張って袖だけはまくって（笑）。パーカは上下のジッパーを開けるとバランスがいいので、ダブルジップを選びます。また、首元をあけるときは下にタンクトップを合わせる、濃い色のニットを着るときは白のカットソーを出す、などが着こなしのマイルールです。

パーカ／OURHOME
スカート／BONbazaar
靴／CONVERSE

### カジュアルすぎない ように気をつける

35歳を過ぎてから、カジュアルになりすぎないよう気をつけるようになりました。グレーのカットソーにブルーのパンツの組み合わせはこのままだとラフすぎる印象……これに大人っぽい柄のストールを合わせるとカジュアルすぎず、きれいすぎないバランスに。ほかにも靴をシルバーにしたり、レザージャケットを合わせたり、異素材の服を合わせたりと、全体のバランスは意識しています。

カットソー／NO DATA
パンツ／mizuiro ind
バッグ／OURHOME
ストール／INOUITOOSH
靴／CONVERSE

## 似合う服の見つけ方 1

自分に似合う服がわかると服選びがラクに！
ここからは私自身が似合う服を見つけるまでに
取り組んできたことをご紹介します。

# 似合う服・似合わない服がわかる！
# 定点観測はじめました

半端丈のスカートはNG

サロペットが得意！

私は〝鎖骨が見える服〟〝サロペット〟を着るとバランスよく見えます。反対に〝首のつまったトップス〟〝半端丈のスカート〟などが似合いません。

それがわかったのは3年程前からほぼ毎日服装を撮影する〝定点観測〟を始めたから。似合う服が知りたくて始めたのですが、予想以上の効果にびっくり！　まず、今までは単体で見ていた服をコーディネートした後のイメージで見られるようになり、朝の服選びがとてもラクになりました。また、自分の姿が人にどう映るのか気づくことがたくさん。服だけでなく、「口紅を塗ったほうがいいな」「顔がむくんでいるな」など客観的に見られるように。

気持ちのよい見た目でいることは自分もうれしいし、周囲の人にも気持ちよく感じてもらえること。定点観測にはそのレベルをぐんと上げる力がありました。

定点観測はP.18からSTART!

## 定点観測のやり方

### 1 壁を決める

写真を一覧にしたとき服が見やすいように、同じ場所で撮るのがコツです。玄関や姿見の前、白っぽい壁の前など、毎日通る場所で、服をジャマしない背景を選びます。

### 2 撮り方を決める

次に〝いつ〟〝誰と〟撮るかを決めます。家族に撮ってもらってもいいし、自撮りでももちろんOKです。毎回準備しなくていいように、シンプルな仕組みをつくるのが続けられる秘訣です。私は出勤したらオフィスの壁の前で夫に撮影をお願いしています。

**スマホのセルフタイマーで**

スマホにはセルフタイマー機能がついていることがほとんど。姿見を撮るのもいいですが、セルフタイマーなら左右反転せず撮影できます。

**コップに携帯を入れて**

透明のコップに携帯を入れ、高い場所に置けばどこでもセルフタイマー撮影ができます。100円ショップやネットでスマホ用の三脚を買うのもあり。

### 3 振り返る

写真を撮ったら、定点観測専用のフォルダを作り（私はスマホのアルバムに「私服」フォルダを作っています）、褒められた服やバランスがよく見える服に「いいね」を押したり、コメントをメモしておきます。ときどき振り返って見るとたくさん気づくことがあるはず！

# 2017

定点観測 START!

1

このサロペットを着ていると「痩せて見える」と言われることが多い！

2

赤いスカートがずんどうに見えるし、強い色が印象的で使いづらい。

3

胸元の大きなV字のラインがスタイル良く見せてくれる気がする。

4

使いやすそうだと思った白のパンツ、膝が出やすいし足が太く見える……。

5

ロングスカートをはくと心なしか足を長く見せてくれる気がする。

6

丸首が好きだったけれど、こうして見ると首が詰まって苦しそう。

7

ギンガムチェックの感じが若過ぎる？ 形もぴたっとして苦しそう……。

8

花柄のトップスとスカートの組み合わせがきれいめすぎて似合わない。

9

ノースリーブは袖口のラインがまっすぐか少し肩にかかるものだけOK。

10

やっぱりエレガント系は似合わない。靴をカジュアルにすればよかった。

11

シャツの袖はこれくらい大きくまくったほうがバランスがいい。

12

タイトスカートがきつくてお腹をひっこめて撮影(笑)。手放しどきかな～。

13

白のカットソーの出し方がよかった。白がないとバランスが悪いと思う。

14

ストールで重心を上に持ってきているバランスが好き。

15

黄色のコートには白系かボーダーを合わせるとバランスよく見える。

16

タイツはほとんど黒だけど、グレーにするとおしゃれっぽく見える。

**振り返ってみて…**

定点観測を始めたのは2017年の5月ごろ。毎日撮ることで徐々に似合う服、似合わない服がわかってきました。「丸首やボートネックのカットソーが似合うと思っていたけれど、意外とシャツのほうが似合う」「定番カジュアルが似合わなくなってきた」などなど。子どもたちが成長し、仕事のスタイルも変わって、ちょうどファッションも過渡期を迎えていたのかもしれません。

# 2018

定点観測
2年目

1

タンクトップの白いラインが○。水色だけだと心もとない感じ。

2

カゴバッグに入れた黄色のストールがあるだけで明るく見える。

3

カーディガンがシャリシャリした素材で他の服と合わせにくかった。

4

サロペットの縦のラインがあるとやっぱり細く見える気がする。

5

サロペットが定番になり、他の色も買い足し。薄い色も使いやすい。

6

トップスをパンツにインするとバランス良く足長に見える。

7

ブルーのパンツは意外と合わせやすい。白のほかにグレーも合う。

振り返ってみて…

髪型はずっとロングのひとつくくりが定番でしたが、定点観測を始めてマンネリに感じるようになり、年末に思い切ってバッサリ！髪型を変えるといつも着ていた服が新鮮になりました。服装の変化は、前の年に似合わないとわかったエレガント系の格好をしなくなったことと、ベージュのアイテムが増えてきたこと。これまでは白・グレー・ネイビーが定番でベージュは似合わないと思っていたけれど、クールなイメージより柔らかいイメージに惹かれるようになりました。

8

ボーダーは丈の長いチュニック。V字のあきがやっぱりバランス○。

9

シンプルなネイビーワンピだけど、形がひとくせあるだけで褒められる。

10

トップスがひらひらしたフレアなので、パンツはまっすぐなラインに。

11

何年も愛用したスカートだけど、丈の短さが年齢と合わなくなってきた。

12

以前は濃い色の上下は合わせなかったけど、白を入れるとOKかも。

13

カーディガンの素材がきれいめだから、パンツと靴がカジュアルでも○。

髪を切りました！

14

黄色のコートには自然とボーダーを合わせていることが多いと気づいた。

15

スカートが短く感じられるように。アウターかパンツを合わせないと厳しい。

16

ダッフルコートがかわいすぎる感じ。あんなに好きだったのに……！

# 2019

定点観測
3年目！

1

ベージュのアイテムが好きになってきて、新しく買った春のコート。

2

ストールの選び方もカジュアルから大人っぽいものに変化してきた。

3

簡単におしゃれに見えるロングベスト。デニム風のレギンスと合わせて。

4

薄い水色シャツに黒のパンツは考えない日のプレーンなスタイル。

5

ストライプがシュッとして見える。シャツにアイロンかければよかった。

6

薄手のカシュクール。ネイビーではなく黒を選ぶようになってきた。

7

前はボーダーで後ろは無地のトップス。ボーダーはひとくせあるものが○。

8

ポンポンつきのストールが好きで買い足し。素材や色違いで3つあり。

9

去年と同じ格好をしているけど、髪型が違うと全然印象が違う。

**10**

1枚で着てサマになるシャツは何も考えなくていいからラク！

**11**

上下カジュアルだから、首元にちょっときれいめなストールを。

**12**

**6**と同じカシュクール。パンツをかえたら新鮮に感じられた。

**13**

ワンピースにデニムシャツを合わせて。襟が出る感じがいい。

**14**

シンプルな服にブルーの靴下とシルバーの靴を合わせたのがポイント。

**15**

水色のロングカーデにパーカを入れるときれいめすぎないと発見。

**振り返ってみて…**

定点観測を3年続けて、最初に比べるとずいぶん自分の服装を客観的に見られるようになりました。「これ似合ってなかったな〜」ということが減り、何より服に興味を持てるようになりました。定番カジュアルから徐々に変化して年齢や仕事に合った服装ができるようになったのは、定点観測の力が大きかったと思います。

**16**

レザージャケットがかっこよくなりすぎないようスカートを合わせて。

## 似合う服の見つけ方 2

# マイノートで自分の〝好き〟がわかる！

お店に服を買いに行ったとき、服選びに時間がかからないほうです。「これは好き」「これはちょっと違う」と瞬時にセンサーが働くので、手にとって見るのはほんの一部です。

それは直感で選んでいるわけではなくて、〝マイノート〟をつけていることで、〝自分がほんとうに好きなもの〟が頭の中に蓄積されているんです。

マイノートは、服だけではなく自分の好きなこと、心のアンテナにひっかかったことを記録しているノート*で、15年以上にわたって続けています。

1年に何度か、雑誌数冊から好きなコーディネートを切り抜いてマイノートに貼る作業をします。するとその時々で本当に好きなものがわかります。目指すスタイルがはっきりしてくるので、それ以外の服に目を通す必要がなくなります。

*著書『わたしらしさを知る　マイノートのつくりかた』（小社刊）が発売中。

# 好きなスタイルの見つけ方

## 1 好きなファッションの写真をただ切り抜く

雑誌数冊から好きな写真だけをただ切り抜いていきます。すると無意識に同じテイストばかり切り抜いたりしていて、「こんな服が着たかったんだ」と心の奥の欲求が見えてきます。

## 2 写真を貼るだけではなくコメントを書く

その写真のどこがいいと思ったのか。バランスがいいのか、靴がいいのか、髪型がいいのか。ピンときたポイントをメモ。自分の「好き」が明確になります。

## 3 買い物に行くとき、マイノートを写真に撮っていく

例えば店員さんにおすすめされて迷っても、マイノートの誌面を見返すと「私が欲しいのはこっちだな～」と教えてくれます。

組み合わせやすいから

# ベーシックカラーと色の服は9：1

色柄ものは飽きがくるのが早いし、組み合わせが難しいのであまり積極的には買いません。白、黒、グレー、ネイビーに少しベージュを加えたベーシックカラーがクローゼットの9割です。ベーシックカラー同士なら適当に組み合わせてもそれなりに見えるし、「また同じ服を着てる」と人の印象に残らないのがいいところ。

明るい格好をしたいときもあるから、1割くらいを色の服に。水色や黄色、赤みの少ない薄いピンクなど、自分に似合う色を選びます。

色の服の
マイ定番

自分が着ていて落ち着く水色

セーター／DES PRÉS

元気に見せてくれる黄色

コート／chécutte

簡単におしゃれに見える！

# 形がひとくせある服を選べば〝シンプルすぎ〟にならない

袖や裾の形にひとくせある、ちょっと変わった形の服が好きです。シルエットに動きが出るし、遊び心がある感じがして簡単におしゃれに見える気がします。

色も形も普通の服だと〝普通の人〟になってしまうけれど、少し変わった服を着ることで「好きなモノを自分で選んで着ている」と思えるうれしさがあります。

若いころはカチッとした服が好きでしたが、30代半ばから体型の変化もあり、ゆるっとして動きのある服が好きになってきました。

〝ひとくせある服〟といっても色はベーシックなものしか選ばないので、ファッションを大きく変えることなく、今まで通りの感覚で着ることができます。色や素材は冒険しないけれど、形だけは冒険するのがちょうどいいこのごろです。

シャツ、パンツ／mizuiro ind
バッグ／フリマで購入
ストール／MACPHEE

# こんな"ひとくせある服"を選んでいます

## 01

### ギャザーたっぷり

胸元からギャザーが入っていてフレアーになったベージュのシャツ。これが主役になるので他のアイテムはごくシンプルでOK。

back

## 02

front

### バックスタイルが面白い

以前は普通の形を選びがちだった水色シャツも、動きのある形に更新。全体にワイドなシルエットで、背中一面にギャザーが入っています。

04

## 前後で差がある

前後で裾の長さが違うシャツもよく選びます。前の丈が短いことでバランスがよく見え、後ろはお尻が隠れていいとこどり。

03

## ボリュームのある袖

カジュアルになりがちなTシャツ。これはボリュームのあるパフスリーブのおかげで、ラフすぎずいいバランスで着られます。

05

## 身幅が広いシャツ

布がたっぷり使ってあるワイドなシルエットのシャツ。袖が途中から胴の部分とつながっているモモンガのような形が面白いんです。

シャツ／（すべて）mizuiro ind

デニムはひとつもなし！

# ウエストがゆるいパンツしかはかない

よく驚かれるのですが、私はデニムとベルトは1本も持っていません。似合わないから、洗濯しづらいからということもありますが、一番の理由は締めつける感じが好きではないんです。

デニムはファスナーでお腹を締めるし、素材が固くてはいているとリラックスできません（笑）。

だから持っているパンツはほぼすべてファスナーがついてないもの。素材がやわらかく、ウエストがゴムか紐のものばかりです。

昔はタイトなパンツも好きでしたが、ゆるっとしたパンツのほうが褒められることが多く、ラクな上におしゃれに見えるといいことばかり。私は少し上の年代向けのお店で服を買うことが多いので、ラクでデザインも好きなパンツを見つけやすいのかもしれません。

パンツ／（左から）
GALERIE VIE
FU-KO
c·o·s·e·t·t·e

## ワイドパンツは足元を考えなくていい

ワイドパンツは難しいと思っていましたが、あるとき褒められて「似合うんだ！」と気づいたアイテム。同じ色でも形がワイドならおしゃれに見えるし、靴や靴下が見えにくいので足元のコーディネートを考えなくていいのがラクです。

パンツ／MACPHEE
靴／MIO NOTIS

## ハマってます！"アスレジャーパンツ"

息子のサッカー応援用に購入したアウトドアブランドのパンツがはきやすく、普段使い用に同じような素材を探しました。ポリエステル90％で速乾、肌触りが軽くてとてもラク！

パンツ、シャツ／mizuiro ind
バッグ／OURHOME
靴／FABIO RUSCONI

服がいたまない、冷えない！

# ボトムの下には365日インナーをはく

一緒に働いているスタッフに「ズボンの下にレギンスをはくと服がいたみにくいよ〜」と聞き、試しにはいてみたら、脚が冷えなくてすごくいい！　そして服に汗や皮脂がつかず、長くきれいに保てるようになりました。以来、秋冬は毎日レギンスをはいています。

　レギンスはユニクロのヒートテックをずっとリピート買い。2枚持って、毎日交互にはいています。日中はボトムの下にはき、夜寝る前にルームウェアの下にもはくのでほぼ一日中はいていることになります。

　春夏やスカートのときにはレギンスの代わりにペチパンツをはきます。ペチパンツも色々ありますが、私が選んだのは裾がゴムになっているもの。トイレのときにワイドパンツの裾が床につかず扱いがラク！

レギンス／UNIQLO
ペチパンツ／JACONNE

## パジャマの下にもレギンスをはく

お風呂上がりにワンピースのパジャマだけ着てしばらくそのまま過ごし、寝る前にレギンスをはきます。入浴直後は肌が湿ってはきにくいので、いつからかこのルーティンに。

## 裾がゴムのペチパンツはトイレのときにも便利

ワイドパンツをよくはくのですが、お手洗いのときに裾が床につかないようにするのが面倒でした。裾にゴムの入ったペチパンツをはけば、内側から一緒に巻き返すだけでOK！

## 足元を考えないからラク！

# スカートはロングスカートかワンピースにしぼる

パーカ、スカート、バッグ／OURHOME
靴／Palanco

Long skirt

ボトムはパンツを選ぶことが多く、スカートの出番は少なめな私。スカートは靴下と靴のバランスを考えないといけないので、パンツのほうがコーディネートがラクなのです。

そんな中でもたまにスカートを買うときは、〝ロングスカート〟か〝ワンピース〟にしぼっています。ロングスカートは足元のバランスを考えなくていいし、年齢を重ねて膝丈のスカートよりロングのほうが似合うようになってきました。

ワンピースは1枚で着られるのでコーディネートが断然ラク！　タイツを合わせれば足元のバランスもそんなに難しくありません。タイツは9割が黒で、少しグレーと茶色があるだけ。カラータイツはあまり持たず選択肢を少なくしています。

One piece

## きれいめに着られるシャツワンピ

ピタッとしてないボリュームのあるものが好きです。シャツワンピースはきれいめに着られるので、きちんとしたい場面に使えます。

ワンピース／mizuiro ind
バッグ／OURHOME
靴／FABIO RUSCONI

## おしゃれに見える袖なしワンピース

トップスの上からかぶる袖のないタイプのワンピース。いろんなトップスに合わせられるし、こなれて見える気がします。

ワンピース／mizuiro ind
カットソー／HELLY HANSEN
バッグ／フリマで購入
靴／Chaca

## 華やかに見える白ワンピ

ネイビーのワンピースを買うことが多いので、華やかに見える白を選んでみました。人前に出るイベントにも普段にも使える1枚です。

ワンピース／Harriss
バッグ／OURHOME
靴／FABIO RUSCONI

旅行でも、帰省でもラク！

# ポリエステル100%のワンピースを常に持っておく

旅行に行くときや、帰省するとき。できるだけ荷物を減らしたいシーンで私が必ず選ぶのはポリエステル100%のワンピースです。

ポリエステル100%ならシワにならないし、軽くて丈夫なので小さくたたんで荷物を少なくすることができます。

お正月に実家に帰省する服も、毎年ポリエステル100%ワンピースが定番です。人に会うことが多いので少しきれいめにしたいし、動くことが多いから服を気にしたくない……シワにならないワンピースがぴったりです。

カジュアルときれいめ両方の形があると、普段使いもでき、きちんとしたいお仕事のときにも使えます。

ワンピース／MACPHEE

## きれいめに使えるAライン

人前に出るお仕事のときに着ることが多いAライン。これは袖だけポリエステルではなく異素材になっているもの。

スニーカーを
合わせて
スポーティーに！

# カジュアルに着られるちょっと変わった形

ボリュームがあり、袖が途中から身頃とつながったデザインです。色がシンプルなので形はひとくせあるものを。

ワンピース／mizuiro ind

カットソー／OURHOME
パンツ／MACPHEE
バッグ／フリマで購入
ストール／MACPHEE

ちょい足しで簡単に印象アップ！

# 全体の2割は小物で遊ぶ

ボーダーカットソーにネイビーのパンツ、かごバッグ。このままでもシンプルでいいけれど、「うーん、何か足りない……」と思ってしまいます。

ここにピンクのストールを足すと印象がパッと明るくなり、私にとってちょうどいいバランスになります。

若いころはベーシックな格好もしていましたが、いつからか色のストールを足したり、柄のバッグを合わせたり、全体の2割は色柄を入れるバランスが好きになってきました。それは整理収納アドバイザーという仕事柄、きちっとした印象を持たれることもあり、本来のラフさや元気さを足したかったのかもしれません。

シンプルな服が好きなぶん、小物で元気な色柄を足して全体のイメージを明るく。それが自分らしい着こなしのコツになっています。

## ストールで

いちばんよく合わせるのがストール。首に巻いて、手に持って、バッグに結んでと色々な使い方ができます。

## 柄バッグで

ストールを巻くのが暑い季節はバッグを柄ものにしてアクセントに。

## 傘で

服がシンプルだから、傘は色柄ものに。柄ありと柄なしのものを持って服に合わせてかえることが多いです。

# 〃ラクにおしゃれができる！〃

# 目立つストールを持って、服を変えてると思わせる！

同じ服でもストールを変えるだけで印象がガラッと変わるし、持つだけで簡単におしゃれに見える気がして、目立つストールをたくさん持っています。

何度も購入しているブランドは、個性的な柄が大人かわいい〝イヌイトゥーシュ〟、生地の質感が好きな〝シトラス〟など。ブランドにはこだわらず旅先や雑貨屋さんで買うこともあります。発色がきれいなアフリカンバティックも昔から好きです。

ストールを選ぶポイントは、①ボリュームがあること、②遊び心のある色づかい、③柄は細かすぎずひとくせあるもの。

最近は向きによって出る色柄が違うストールが印象を変えやすくていい！と思い、よく選んでいます。

ストール／manipuri

スカーフ／TOMORROWLAND

ストール／OURHOME

1.MANDRAKE 2.MACPHEE 3、4.NO DATA 5.INOUITOOSH 6.TOMORROWLAND 7.NO DATA 8. OURHOME 9. INOUITOOSH 10. CITRUS

服を買わなくても

# 季節を先取るだけでおしゃれに見える

ペデュキュアは赤かボルドーの単色塗りが定番。サンダルのはき始めとともに塗ります。

スカート／mizuiro ind
サンダル／Calzanor

水色や白など、明るい色のシャツを着ます。

シャツ／mizuiro ind
パンツ／FU-KO

まだ肌寒くてもさわやかな色のトップスを着る。夏が始まる前にサンダルをはく。涼しくなってきたら暖色系のストールを巻く。本格的な冬がくる前にタイツやブーツをはき始める。

そんなふうに少し季節を先取った服を着ることを意識しています。服を買ったりコーディネートを工夫したりするより、季節を先取りすることはいちばん簡単におしゃれに見える方法だからです。わが家は衣替えをしないので、オールシーズンの服がすぐ手に取れる環境があることも大きいきいか

周りよりちょっと早くタイツやブーツをはき始めるとおしゃれな印象になる気がします。

ワンピース／MACPHEE
タイツ／靴下屋
靴／FABIO RUSCONI

ストールは手軽に季節感を出せます。茶系など秋らしい色を早めに取り入れて。

ワンピース／Harriss
ストール／INOUITOOSH

もしれません。

薄手のトップスを着るときはインナーを着こんだり、厚手のストールを巻くときは服は薄手にしたりと、ストレスなく過ごす工夫も忘れません。

買い物を複雑にしたくないから

# 服を買うお店をしぼる

## こだわりはあるけど、時間をかけたくないから

「服を買いに行こう！」と思ったとき、私の頭に浮かぶお店は数店舗。選択肢をしぼっているので、「どのお店に行こう」と悩むことはあまりありません。

　私は服を買いに行くのがあまり好きではなく、「その時間があったら仕事か家でゆっくりしていたい〜」と思ってしまうタイプ。高校生の頃は洋裁を習って服に興味があったので、当時好きだったブランドのセールに並んだりもしていたけれど、今は仕事と子育てをする中で服にかける時間の優先度はかなり低くなっています。

　それでも洋裁を習っていたぶん、服の仕立てや生地感は人一倍気になるほう。だから新しいお店を開拓するより、質が良くて自分の好みに合うとわかっているお店をリピートするほうが失敗がないし、買い物に時間をかけずにすむのです。

　同じお店を何度も利用しているとサイズ感がわかるのも魅力です。特に子どもが小さいうちは双子を連れてゆっくり試着する時間がなかったので、ワンピースやパンツは試着せずに購入できて助かりました。

## ラクをするためにプチプラは買わない

おしゃれな人はプチプラを上手に取り入れていることも多いですが、私は失敗することが多かったので、「インナー以外、プチプラは買わない」と決めました。すると探す時間や迷う時間、長く着られずもったいなく感じることがなくなり、とてもラクに！ SNSでプチプラ服を見て「いいな〜」と思っても、買わないと決めているので惑わされません。そのぶん買い物全体がシンプルになりました。

好きな素材を知っておく

私は軽い着心地の“綿70%＋ポリエステル30%”の混用率が好きで、買い物ではタグをチェックします。

今の私が主に選んでいるのは、ラインがぴたっとしていなくてひとくせある服が多い“mizuiro ind”、“MIDIUMISOLID”、仕立ての良さや生地感が好きな“Harriss”、“TOMORROWLAND”や“HRM”などです。あとは私が運営している“OURHOME”では自分が欲しいものを作っているので、自社のオリジナルウェアも愛用しています。

買い物のマイルール　1

# 対象年齢がちょっと高めに見えるお店に行く

　仕事中に仲間と服の話で盛り上がったとき、周りと比べて「私はエイジレスな感じのブランドが好きなんだな」と気づきました。

　対象年齢が幅広そうだったり、ご年配の方向けのブランドは生地が良質なものが多く、体型を隠せるシルエットが多く、素材も着ていてラクなものが多い……と、「服もラクをしたい」私にぴったりなんです。

　よく服を買いに行く「MAR court」も年齢を問わないリラックス感が好きです。新しいお店を開拓することは少ない私ですが、最近「いいな～」と思ったのは〝HRM（アッシュアールエム）〟という神戸発のブランド。グレイヘアの女性にも似合いそうなこなれた服が多く、ここでスプリングコートを見つけました。

## 買い物のマイルール2

# 更新する買い方

買い物は新しいものに挑戦するより、今までの経験でうまくいったところを生かして更新するようにしています。

たとえばこのシルバーのサンダルは、愛用していた黒いサンダルの代わりとして購入したもの。つっかけタイプでラクなところ、アッパーが深く素材が革のところが気に入っていたので、色を変えて同じような形を探しました。黒とパイソン柄のサンダルも、元々持っていたモノと同じメーカーで色違いを購入しました。服も同じように水色のシャツやネイビーのワンピースはもう何枚も買い足しています。

うまくいったアイテムを更新すると失敗がないのでお金が無駄にならないし、新たにコーディネートを考える必要がなくてラクです。

サンダル／（左から）
DIANA
PLAKTON

## ファッションも、髪型も

# 年齢を重ねて変わってきたこと

「まっすぐに。でもしなやかに」。会社をやめ、フリーランスとして仕事をし始めてからいつも意識している言葉です。

自分なりにこだわる部分はあるけど、時々人の意見も聞いて受け入れ、しなやかに変化していきたいと思っています。それはファッションや髪型も同じ。年齢を重ねるにつれて体型も生活も変わっていくから、服も変化させる必要があると思います。

最近の私が「気をつけたいな」と思うのは、〝かわいすぎる〟アイテム。例えば白ベースのボーダーや、ギンガムチェックが似合わなくなってきました。子どもたちが10歳になり、また経営者として責任も増えてきたことで、かわいい感じの服装がしっくりこなくなったのかなと思っています。

また、行きつけの美容師さんにヘアメイクのテクニックを教わり、日々の支度がとてもラクになりました。毎日のことだからこそ、自己流にこだわらず、人に聞いたり勉強したりすることも大事だなと感じます。

さわやかで若いかんじ？

## シンプルなボーダーから変化球に

白ベースのシンプルなボーダーが似合わなくなってきて、ベージュやネイビーベース、ピッチが太いものなど変化球を選ぶように。

カットソー／OURHOME
パンツ／GALERIE VIE
靴／CONVERSE

細かなチェックがかわいすぎる‥？

## ボトムやバッグで取り入れる

ギンガムチェックが好きだったけど、今はチェックを取り入れるならボトムやバッグで、大きめのチェックを選ぶようになりました。

シャツ／mizuiro ind
タンクトップ／BASIC AND ACCENT
パンツ／MACPHEE
靴／CONVERSE

何にでも合うからラク！

# 靴は白・黒・シルバーを常に更新

朝、服を選ぶときはトップスから考えるので、靴を合わせるのはいちばん最後です。出かける直前にパッと選ぶので、どんな服にも合う靴ばかりにしています。

その中でも常に切らすことなく更新し続けているのが、白と黒のエナメルとシルバーの靴です。この三つがあればほぼどんな服にも合わせられます。

様々な種類の靴がある中でこの三つを選んでいるのは、どれも光沢があり、カジュアルにもきれいめにも合わせられるから。また、エナメルに関してはくたびれにくく、雨に濡れてもOKなのがラクなポイントです。

今までの経験上合わせやすかった靴は、手放すときに、ラクだったポイントを次の買い物に生かします。それを続けてたどり着いたのがこの3足です。

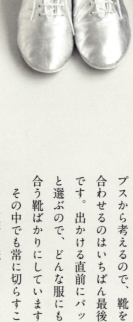

## シルバー

夏によく出回るシルバーですが、靴下やタイツを合わせれば一年中はけます。服がシンプルすぎるときに合わせるといいバランスに。

## 黒のエナメル

レースアップ、ローファーなど形はそのときどき違うものを選んでいます。冬は黒のエナメルかショートブーツが多いです。

## 白のエナメル

これまで何足買い足したかわからないほど定番の白のエナメル。季節を問わず一年中活躍します。

### 考えなくていいから

# スニーカーは少数精鋭

玄関スペースの問題もあり、何種類も置いておくことができないのでスニーカーは少数精鋭です。今持っているのはコンバースのハイカットと子どものサッカー付き添い専用のナイキの2足。

スニーカーも服に合わせやすいことをメインに考えるので、選ぶのはモノトーンです。靴からコーディネートを考えることがないので、カラフルなスニーカーは持っていません。

コンバースのハイカットは昔から好きでもう5足目の更新です。色は生成りより真っ白のほうが服に合わせやすいので、いつも白を選んでいます。

スニーカーをラクにはくポイントは、紐をゴム素材のものに変えること。はき口が伸びてスリッポンのように脱ぎはきができます。毎回紐を結ばなくていいのが本当にラク！

1.ロングブーツ／TOMORROWLAND 2.ボアブーツ／THE NORTH FACE 3.サンダル／Calzanor 4.スニーカー／CONVERSE 5.ショートブーツ／Palanco 6.スニーカー／NIKE 7.サンダル／BIRKENSTOCK 8.サンダル／NO DATA 9. エナメルの紐靴／FABIO RUSCONI 10. レインシューズ／DINKLES 11. サンダル／havaianas 12.シルバーの紐靴／Chaka 13.シルバーの紐靴／Chaka 14.白のエナメル／FABIO RUSCONI 15.パンプス／unity 16.白のエナメル／MIO NOTIS

やっと私らしいモノを見つけた！

# わたしのダウンコート選び

「気に入らないものを買うくらいなら、買わずに我慢する」派の私。ビビッとくるダウンコートを見つけるまでとことん待ちました。見かねた友達に「見てるだけで寒い！　なんでもいいから買おう」と言われるほど……（笑）。

ダウンコート選びでこだわったのは、カジュアルすぎないこと、ベルトがついていないこと、エレガントすぎないこと、暖かいこと。すべての条件を満たすものが見つかるまで数年かかりました。

選んだのは、〝THE NORTH FACE〟のダウン。〝Bshop〟別注カラーの茶色が自分に似合ったこと、アウトドアブランドの製品で機能性が高いことが決め手になりました。特にダウンは安い買い物ではないので、満足いくものに出合うまでねばってよかった！　と思っています。

コート／THE NORTH FACE
ワンピース／mizuiro ind
バッグ／OURHOME
ストール／Le minor
靴／FABIO RUSCONI

# その他のマイコート

## カシミヤコート

暖かく、ブルーとグレーでリバーシブルに着られるので重宝しています。

コート／Harriss

## ケープ

着ているとよく褒められるケープ型のダウン。薄手なので真冬ではなく端境期に。コートもひとくせある形を選ぶとおしゃれに見える気がします。

コート／TATRAS

## スプリングコート

カチッとしたものを着るときつく見える私。スプリングコートはトレンチよりノーカラーのほうが似合うと思っています。

コート／（左から）
mizuiro ind
cee

料理以外でも活躍！

# わたしのエプロン選び

普通の服のように見えるエプロンが1枚あると、料理だけでなくいろんなシーンで活躍します。エプロンを羽織ればメイクで服が汚れないし、家族でお好み焼きや焼肉を食べに行ったときに持って行けば油のシミを防ぐこともできます(笑)。

エプロンが便利だと気づいたのは最近なのですが、子どもたちが小さいときなら育児にも使えたな〜と思います。そういえば、義理の母が育児を手伝ってくれるときにいつもエプロンを持参してくれていました。

エプロン選びでラクするポイントは、普通の服に見えること、紐がないこと、汚れが目立ちにくいこと、アイロンをかけなくていいこと、シワが目立ちにくい丈夫な素材であること。ラクするためのものなので、お手入れも簡単なものを選ぶようにしています。

エプロン／OURHOME
ニット／NO DATA

ワンピースタイプがマイルール

# わたしのルームウェア選び

ルームウェアはワンピースタイプがラクです。子育て中はお風呂上がりが忙しいので、1枚かぶるだけのワンピが時短に！（肌の湿気が飛んでからレギンスをはきます）。

わが家は毎日洗濯機を回して下着やパジャマを洗濯乾燥するので、丈夫でシワにならない素材を選ぶのもポイントです。長年ユニクロの薄手のフリース素材のワンピが定番でしたが、廃番になってしまったので今は自社で試作したサンプルを着ています。タオルのような生地で手を拭けるものです。

部屋着といえばスウェットが定番ですが、かさばるのと、見た目が少し男性っぽく見えるのが気になってワンピ＋レギンスを選びました。家の中でも、家族に映る姿が「いい感じ」だといいな〜と少し意識しています。

column

# 1

## 似合う服を選び取るための骨格診断

似合う服を見つけるためには、骨格診断を受けるのもおすすめです。

骨格診断とは、体の質感やラインの特徴から自分の体型をきれいに見せてくれる服を導き出すもの。診断では、体に厚みのある〝ストレート〟、肌がやわらかく華奢な〝ウェーブ〟、骨がしっかりしていて関節が目立つ〝ナチュラル〟の3タイプに分けられます。

私は〝ナチュラル〟タイプ（〝ウェーブ〟の要素も少しあり）です。ナチュラルタイプはゆったりしたシルエットや天然素材が似合うと言われていて、服選びに迷ったら参考にすることも。

骨格診断を受けたのは約5年前。当時借りていたシェアオフィスに骨格診断の先生がいらしたことがきっかけでした。診断を受けてみると、「ゆるっとした服のほうが似合うよ」「ノーカラーの服のほうが似合うよ」など、具体的な提案にとてもしっくりきたのです。その頃ちょうど着る服に迷っていたので、「もっと勉強したい」と自分でも骨格診断の資格を取ることに。理論を学ぶ中で、「ツルツルした素材が似合わないと思っていたけどこういうことだったんだ」などと理解でき、今までの服選びに自信を持てるようになりました。

講座では多くの人の骨や肌を触らせてもらい、人によっていかに骨格と肌の質感が違うかを比べます。そこで初めて「私って人より骨ばっているんだな」と気づくことができました。

骨格診断を勉強したことで、以前より自信を持って服を選べるようになり、迷う幅が減ったように思います。

診断してもらうのにお金はかかるけれど、服に迷っている方は、自分を知るきっかけとして骨格診断を受けてみるのもひとつの手かもしれません。

chapter 2

# わたしがラクする小物選び

ベーシックな服に小物でアクセントをつけることが多い私。印象的な部分だからこそ、オリジナリティーのある選び方をしたいなと思っています。

1箇所だけなら続く！

# アクセサリーはピアスだけ冒険

シンプルな服にピアスが目立っているバランスが好きで、ピアスは大きめを選んでいます。以前はプラスチック製のものも好きだったけれど、最近は顔まわりにツヤを足したくて、光沢のある素材を選ぶことが多くなりました。今よく使っているのはゴールドのフープピアス。大きすぎないちょうどいいサイズです。ピアスなら失敗してもスペースをとらないし、価格も手頃なものが多いので気軽に冒険できます。

髪を結ぶときはヘアアクセはつけないのがマイルール。ピアスとの色のバランスを考えなくていいからです。ネックレスとマリッジリングはずっと同じなので、毎朝選ぶアクセサリーはピアスだけです。アクセサリー同士の相性を考えなくていいのがとてもラク！

# my pierce catalog

1.MANDRAKE 2.KAM 3.ANEMONE 4.JUICY ROCK 5.ANEMONE 6.MANDRAKE 7.バリ島で購入 8.夫からのプレゼント 9.ANEMONE 10.JUICY ROCK 11、12.MAYGLOBE 13.青空市で購入 14.作家さんもの 15.OURHOME 16.ANEMONE 17.NO DATA 18〜21.self made 22.OURHOME

## ピアスとキャッチは別に収納

ピアスを収納しているのは、子どもたちの離乳食づくりで使っていた製氷皿。細かく仕切られているのでピアスを入れるのにぴったりなんです。キャッチはピアスと分けて専用の場所に。こうするとピアスを外したときにキャッチをつけ直すワンアクションがなくてラク！ キャッチは着けたときに見えないので、色合わせもあまり気にしません。

つけ外ししないからラク！

# ネックレスは同じものをつけっぱなし

ネックレスは華奢なゴールドのものを24時間つけっぱなしにしています。軽くてつけているのを忘れるくらいなので、寝るときもこのまま。「お風呂のときに引っかからない？」と聞かれますが、首のシワを防ぐべく（笑）手で体を洗っているので、今まで気になったことはありません。服がカジュアルなので、このネックレス一本でさりげなく女性らしさを演出できる気がしています。18金のネックレスは普段づかいにはちょっとキラキラしすぎるように感じて、あえて10金にこだわってOURHOMEオリジナルを作りました。

このほかにボーダーに合わせるとかわいい淡水パールもときどき使います。年齢を重ねたらいつか大ぶりのネックレスもつけてみたいな～と憧れています。

## カジュアルにもきれいめにも合う

# わたしの時計選び

時計は毎日つけるので、〝服をジャマしない〟〝丈夫〟を基準に選びます。ベルトが革だとへたりやすいので、普段使いの時計はステンレスやチタン製にしています。今メインで使っているのは黒の〝クルース〟。以前使っていた〝スカーゲン〟のダークブラウンの時計が手に入らなくなったとき、同じ素材感のものをセレクトショップで見つけました。時計を探すときは、自分の体型にどんな形が似合うか知っておくと選ぶのがラクになります。私は体格が骨ばっていて手も大きいので、華奢なものより文字盤が大きいもののほうがバランスがよく見えると思っています。

白い時計は普段使いのサブに。アンティークの赤い時計はホテルランチに行くときなど、きれいめにしたいときに使っています。

時計／CLUSE
シャツ／mizuiro ind
パンツ／URBAN RESEARCH DOORS

時計／（上から）
CLUSE
SKAGEN
OMEGA

シャツ／mizuiro ind
バッグ／OURHOME

## どんな服にも合うからラク

# わたしのバッグ選び

普段使いのバッグはベーシックなものが基本です。コーディネートするときにバッグから選ぶことはほとんどないので、黒・茶・ベージュを中心に、カジュアルにもきれいめにも合わせられるものにしています。

夏だけは元気なおしゃれを楽しみたくて、カラフルなバッグを雑貨感覚で持ちます。素材がカゴや布地ならそこまで高価なものではないので、思い切った色や柄を選んで冒険できます。

私が夫とスタッフと運営する〝OURHOME〟では、私自身が「もっと軽いバッグがあるといいな」「こんな色とサイズのバッグがあるといいな」と、〝自分が本当に欲しいもの〟をとことん追求して作っているので、自然にオリジナルバッグが普段使いのメインになっています。

# my bag catalog

1.ナイロンショルダー／OURHOME 2.セレモニーバッグ／ハセガワ 3.巾着リュック／OURHOME 4、5.カゴバッグ／フリマで購入 6.カゴバッグ／ベトナムで購入 7、8.レザーバケツバッグ／OURHOME 9.スクエアショルダー／OURHOME 10.キャンバストート／OURHOME 11.ポリエステルプリントショルダー／TOMORROWLAND×SOULEIADO 12.ハラコショルダー／GUATE 13.バスク織トート／jean vier 14.セイルクロスオープントート／JIB MARINE BOUTIQUE 15.大人トート／OURHOME

便利に、身軽にしたい

# バッグの中身は軽く

バッグの中の荷物はできるだけ少なくしたいと思っています。お財布はずっと長財布を使っていましたが、かさばるように感じてきてミニウォレットに持ち替えました。カードは10枚ほどにしぼり、バーコードつきのカードはスマホアプリに移行。近所ならお財布と携帯だけポケットに入れて出られ、身軽になりました。

鍵をつけたネックストラップにつけているのは、カラビナつきのボールペンと、ワンタッチでしまえるハサミ。「筆記用具がない！」と焦ったときに常にバッグに入っているからとても便利なんです。

スマホカバーはちょうどいいものが見つからないので、妥協せず今は保留中。10年以上使った赤い名刺ケースも今の私に合うものを作りたいと企画中です。

ネックストラップ、手帳カバー、ミニウォレット／OURHOME
カラビナ付きボールペン／ロフト
ハサミ／MIDORI
ハンカチ、名刺ケース／IL BISONTE

とびきり好きなものだけ持つ

# ハンカチは家に3枚だけ

ハンカチ／IL BISONTE

わが家にある私のハンカチはこの3枚だけ。毎日洗濯するので3枚あれば十分回っています。ハンカチは数が増えがちなアイテムですが、何かの付録についていても自分の好みでないなら使わない、タダでもらえるとしてもいただかない、ということがやっぱり必要だと思うのです。ハンカチひとつでも、好みではないものを使っていると「こういう柄が好きなんだな」という印象を与えてしまうことも……。逆に好きなものだけを身につけ続けていると、「こういうこだわりがある人なんだな」と感じてもらえます。すると自然と周りに好きなものが集まってくるような気がします。

それからハンカチ選びの大事なポイントは、タオル地であること！　アイロン不要がやっぱりラクです。

# 考えなくていいから 靴下は〝靴下屋〟のものだけ

靴下／靴下屋

足元のコーデが苦手で仕組みをシンプルにしたいので、買いに行きやすく質も信頼できる〝靴下屋〟で買うと決めています。〝綿薄手ゴム長ショートソックス〟を色違いでリピート買い。

# 休日にかぶる 帽子はかわいすぎないもの

ストローハット／Gxnap
ニット帽(青)／WARREN SCOTT
ニット帽(白)／母の手編み

ニット帽は息子のサッカー応援や休日の買い物のときにかぶります。ストローハットはラフィア素材でためるものを選びました。〝かわいすぎ〟にならないよう、蝶結びのないリボンに。

印象を左右しない

# 防寒アイテムはベーシックカラー

防寒グッズはアウターに合わせやすいベーシックカラー。手袋とアームウォーマーは夫からのプレゼントで、どちらも息子のサッカー応援のときに使っています。マフラーは母が編んでくれたもの。

アームウォーマー／PATRICK STEPHAN
グローブ／TOMORROWLAND
マフラー／母の手編み

ワードローブに仲間入り

# とにかく軽いサングラス

息子のサッカー付き添いで日からの日焼けを防ぐために購入。おしゃれではなく実用なので、軽くて買いやすい価格を選びました。外したとき落とさないようストラップをつけています。

サングラス／IZIPIZI
ストラップ／OURHOME

column

# 2

## 高校生のころに洋裁を習っていたこと

洋裁の学校を出ていてものづくりが大好きな母は、仕事の合間に少しでも時間があれば業務用の本格的なミシンをかけていた記憶があります。

そんな母の影響か、高校生になった私は友達と一緒に簡単な服を作るのが大好きに。〝ＩＮＫ〟とブランド名をつけ、会員証まで作って（笑）フリマなどで販売していました。そして「もっと本格的に服がつくりたい！」と、母が習っている洋裁教室に友達と一緒に通うことになったのです。

教室では洋服のすべての基礎を教えてもらいました。布の表と裏の見方、ミシンのかけ方、ファスナーのつけ方やアイロンのあて方も。高校生にとって洋裁はメジャーな習い事ではないかもしれませんが、親になると子どもの服を作ったりゼッケンをつけたり、洋裁って実は何かと必要なこと。習ったのは少しの期間ですが、暮らしにずっと役立っています。

今、オリジナルのバッグやウェアを作る上でも、洋裁で習ったことは私のベースになっています。「一反の幅はこれくらいだから、余ったところはこれに使って……」など自然に感覚が身についているのです。

もともとは高校生だった自分がただ好きで習っていたので、仕事に直結するとは思っていませんでした。けれど、10代のそのとき心が動いたこと、やっていたことにはすべて意味があるんだな、と今になって思うのです。私が子どもたちの〝好き！〟〝やってみたい！〟という気持ちを大切にしたいのは、私自身のそんな経験があるからかもしれません。

chapter

# 3

# わたしがラクする<br>クローゼット&服の仕組み

家のリフォームにともない、クローゼットとシューズラックを一新しました。服に時間をかけたくない私のクローゼットと服の管理の仕方をご紹介します。

BANKERS BOX 703
BANKERS BOX 703

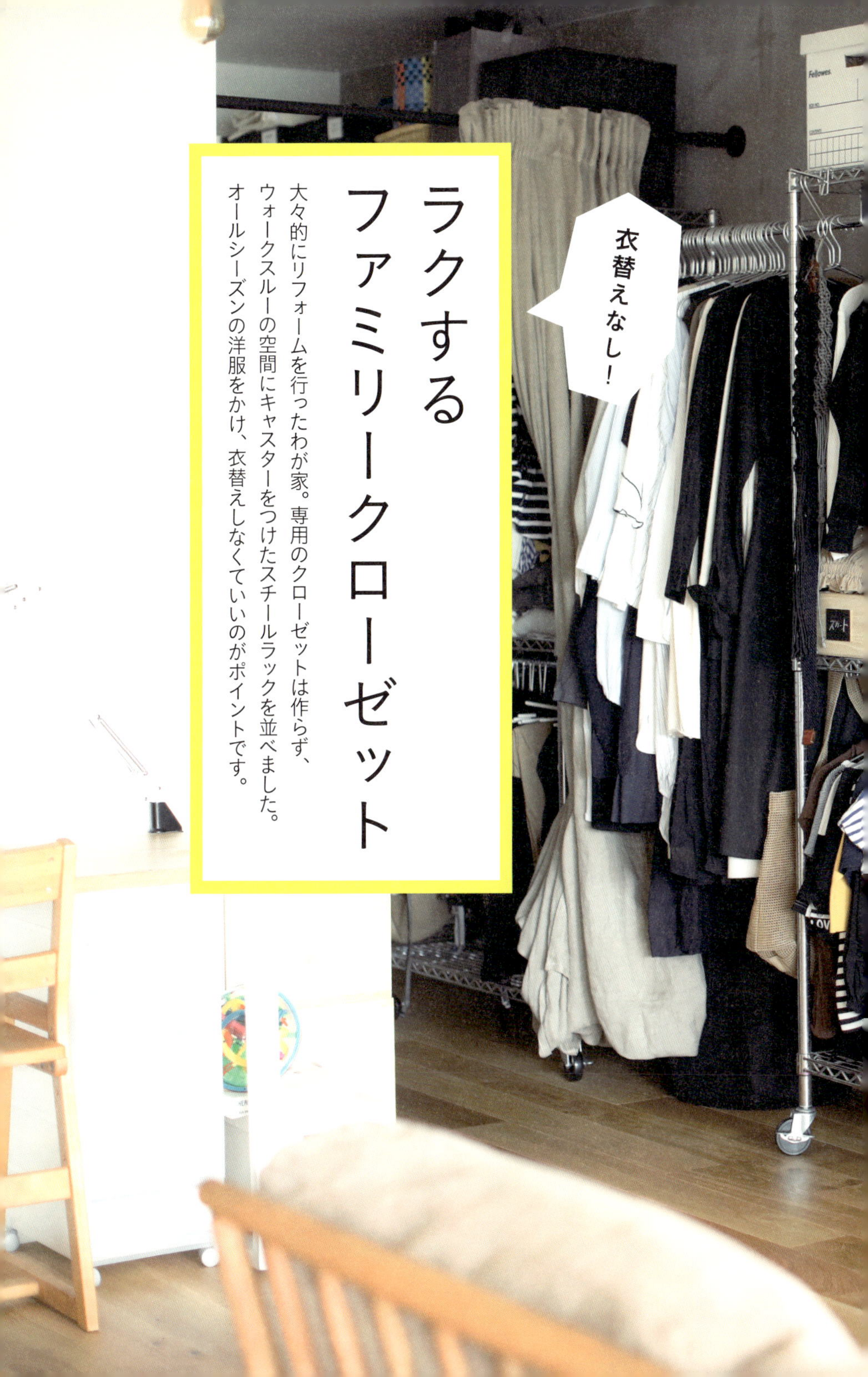

衣替えなし！

# ラクする ファミリークローゼット

大々的にリフォームを行ったわが家。専用のクローゼットは作らず、ウォークスルーの空間にキャスターをつけたスチールラックを並べました。オールシーズンの洋服をかけ、衣替えしなくていいのがポイントです。

## ラクするクローゼットの仕組み

毎日のことだから、ラクに服を選んでしまえるのがいちばん。
服をたたまなくていい、衣替えをしなくていい、
ラクな仕組みをつくっています。

### 1 衣替えをしない

わが家は衣替えをしません。オールシーズンの服が見渡せるように、すべての服をスチールラックにかけています。衣替えをしないメリットは、時間を節約できること。シーズンごとに〝しまっていた服を出して、シワを取って、入れ替えて〟の手間がないのがやっぱり快適です。しまわないことで「こんな服があったんだった！」となることもありません。忘れやすい私にとって、〝一覧できる〟ことはラクするための大きなポイントです。オフシーズンの服も一緒にかかっていることで、季節の変わり目に先取りのおしゃれができたり、思わぬ暑さ、寒さのときでもちょうどいい服をさっと選べます。

### 2 服はスチールラック2・5台分だけ

服の量はオールシーズンで幅90センチのスチールラック2・5台までと決めて、それ以上は増やさないようにしています。スペースが限られているし、それ以上あると管理するのが大変だからです。

この量でも、「服少ないね～！」と言われることがありますが、雑誌で取材していただいたり、レッスンでお客様とお会いするお仕事をしていなければ、もっと少なかっただろうな～と想像することも。数が少ない方が身軽に暮らせるだろうなと思います。今はある程度バリエーションも必要なので、〝2・5台まで〟がちょうどいい制限になっています。

服はほぼすべてハンガーにかけています。洗濯して乾いたらそのまま戻せるので、服をたたまなくていいのが本当にラク！

# マイクローゼットを分解！

### アウターなど

家族全員分のアウターと私のジャケット、オフシーズンのワンピースはスチールラック1台に。

### スチールラックの上

左から、雛人形、冠婚葬祭アイテム、水着、かごバッグ（入れ子にして）、ロングブーツ、旅行ポーチなどを収納。

### トップス

丈の短いトップスは上段に。かさばるニットは軽くたたんで棚板の上にのせています。

### 丈の長い服

左右のラックにバーを渡してワンピースやロングスカートなど丈の長い服をかけています。

### 引き出しの中

引き出しは最小限に。私のストール、防寒グッズ、オフシーズンパジャマを収納。

### ボトム

パンツはすべて下段にまとめて。半分に折り、“マワ”のボトムハンガーにかけて並べています。

### バッグ

使用中のバッグはフックにかけて。そのほかは大きなバッグの中にまとめています。

## 収納のポイント

### バッグは入れ子にしてしまう

バッグは場所を取るので大きなバッグの中に入れ子のようにして収納。毎日替えないので並べなくてもOK。

### ボトムハンガーを使う

ボトムは"マワ"のボトムハンガーでかける収納に。洗濯が終わったものを端へかけていくと、よく着る服が一目瞭然。

### パジャマ・下着は洗面所に収納

入浴後その場で着替えられるよう、パジャマと下着は洗面所に。毎日洗濯乾燥するので洗濯機から近いのもラク。

### ストールは引き出しにしまう

かなり数があるストールは引き出しに収納。きれいにたたまなくても、ふわっとまとめるだけでOK。

# クローゼットのラクするポイント

## ハンガーは あえてすべるもの

無印良品のアルミハンガーをずっと愛用しています。すべりやすいほうが服をさっと外せるので、毎朝服を出すのに時間がかかりません。

## 左から順番にかけて 自然に衣替え

洗濯して乾いた服は端にかけていくのがルール。着ていない服が反対側に寄り、自然に服が循環していきます。端境期はそれだけで衣替えが完了。

## スチールラックに キャスターをつけて フレキシブルに

ラックを可動式にしているので、手前のラックを奥にしまえばリビングを広く使うことも可能。高さを出してロボット掃除機が通りやすいように。

スチールラックがいっぱいになったら

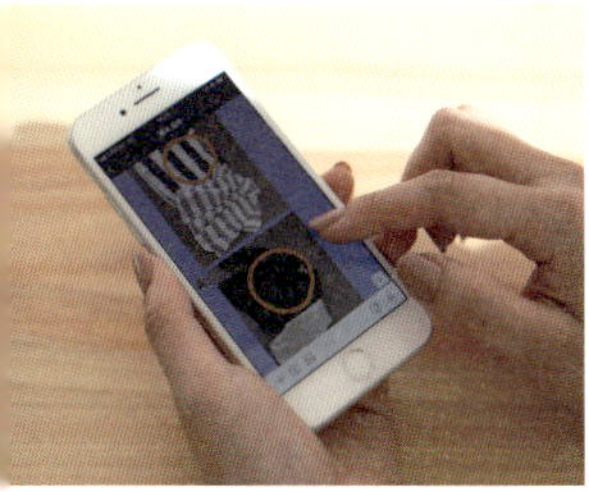

義妹に写真をLINE

人にゆずる

まとめて持っていき選んでもらう

## 仕組みをつくっておく！

# 服の手放し方

「クローゼットがギュウギュウになってきたな」と感じたら、服を手放すタイミング。くたびれたものは処分し、きれいなものは「着たい！」と言ってくれる人にゆずります。最近は義妹にまとめて選んでもらい、残りをリサイクルショップに持って行くのが定番に。サイズアウトした子ども服はラインで写真を送り、いるものにチェックしてもらいます。相手にとって負担なく欲しいものを選んでもらえるシステムをこころがけたいなと思っています。

子ども服はゆずる服をディスプレイして“洋服屋さんごっこ”！ 娘が店員になり、楽しく選んでもらいました。

＼ 3LDKマンション住まい ／
## わが家の間取り図

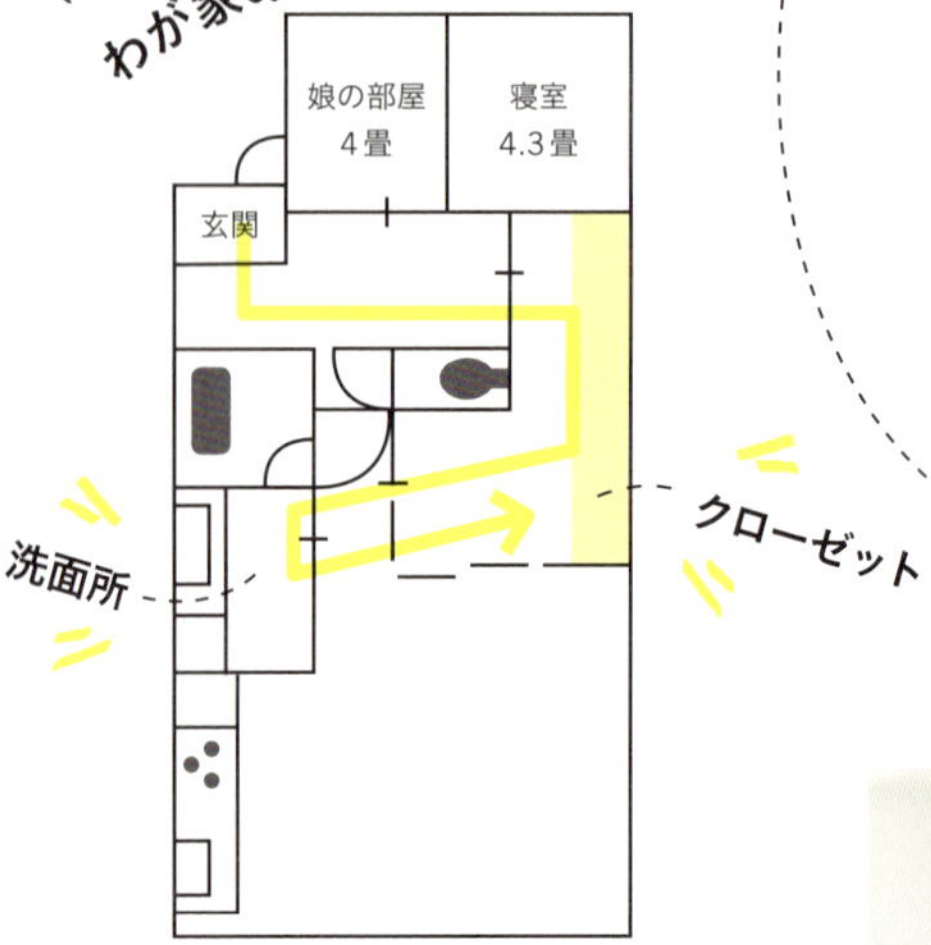


玄関側からもクローゼットに入れるように、クローゼットの奥にドアをつけました。ぐるぐる回遊できる間取りにしたことで服の動線がスムーズに。

＼ 着替え、洗濯、取り込み…… ／
# 服の動線はこうなっています！

服の収納を考えるときは、いかに動線をスムーズにするかがカギ！
わが家の服の動線はこんな感じです。

### 玄関からクローゼットへ

リビングや洗面所に寄らず、帰ったらまっすぐクローゼットへ。

### クローゼットにコートとバッグをかける

コートはフックにかけて一時置き。すぐクローゼットに戻さず空気にあてます。バッグもフックにひっかけて。

### お風呂に入り、ルームウェアに着替える

帰宅後すぐ入浴。洗面所に収納しているルームウェアに着替えます。

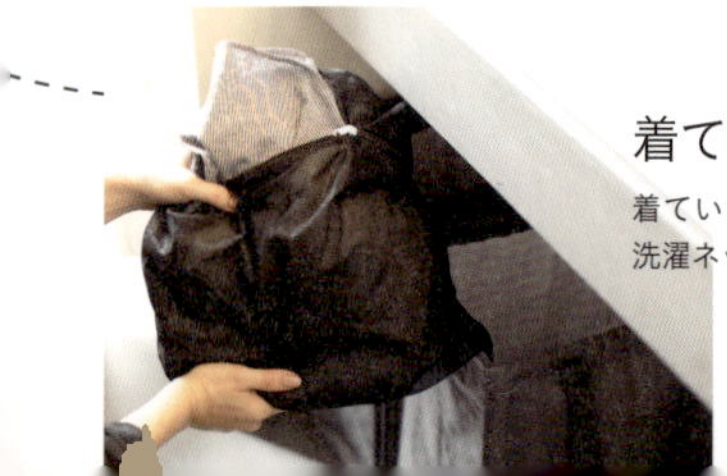

### 着ていた服を洗濯カゴへ

着ていたワンピースは翌日洗濯するので、洗濯ネットに入れて洗濯カゴに。

## 洗濯機を回す

乾燥機にかけない洋服は週に2〜3回ほど、朝まとめて洗濯します。子どもたちが小学生になって乾燥機にかけない服が増えてきたので、朝の洗濯頻度が上がってきました。

### パジャマ・下着・タオル類は夜のうちに洗濯乾燥する

パジャマ・下着・タオル類は乾燥機OKの素材を選び、毎朝起きたら仕上がっているように洗濯・乾燥するのが長年のルーティン。こうすることで朝の洗濯にかかる時間がぐっと抑えられます。

## 洗濯物はあえて室内干し

わが家は通気性がいいのか室内でもすぐ服が乾きます。春は花粉がつかないし、すぐしまえるのであえて室内干しに。もっと洗濯物が少ないときは洗濯機上のスペースにかけて乾かしてしまうこともあります。

### 服はたたまない！

服はたたむもの、という「べき」を手放して、たたまなくていい仕組みにすると本当にラクに！ ①ハンガーにかける、②引き出しにポイっと入れる、どちらかの収納がほとんど。

## ハンガーにかけたままクローゼットへ戻す

服が乾いたら、たたまずにそのままクローゼットへ戻します。家族全員の服が一箇所にまとまっていると服を戻すのも簡単です。

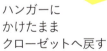

## クリーニングにはなるべく出さない

# ドライマークのものも自宅で洗う

クリーニングに出すのはコートとウールのパンツだけ。基本的には家で洗濯できる服を選んでいます。ドライマークつきでも、自己判断で自宅で洗ってしまいます。洗濯ネットに入れ、おしゃれ着洗剤を使って〝おうちクリーニング〟コースで洗えば、今まで服がいたんで気になったことはありません。ちなみに洗濯ネットはamazonで見つけた〝Miuphro〟のもの。わが家は旅行のときに洗濯ネットに服を入れて持っていくので、シンプルな見た目を選びました。

濡れた洗濯ネットは洗濯機横のタオルホルダーに押し込んで乾かします。

乾いたら洗面所にある専用の引き出しにポイポイ入れるだけ。

ラクするルール

# アイロンは着る直前にかける

洗濯した服にアイロンをかけてクローゼットに戻すと、いざ着るときにまたシワができている……なんてことありませんか？　直前にかけたほうが結局ラクだから、私はアイロンは朝着る前にさっとかけるように。忙しい朝に時間をかけなくていいように、アイロン台（〝東谷〟で購入したもの）とアイロンは出しっぱなしにしています。できるだけアイロンをかけなくていいように基本的にはシワになりにくい素材を選びますが、シャツが好きなのでアイロンゼロとはいきません。

すぐにかけられる仕組み

リビングの隅にアイロン台とアイロンを出しっぱなしに。コンセントをさせばすぐアイロンがけが始められます。

## 家のリフォームで
# シューズラックをリニューアル！

作りつけの靴箱を撤去し、可動式のオープンな棚に。
生活スタイルに合わせて靴の数も変わるから、
棚を足したり減らしたりできるようにしました。
グリーンや子どもの絵を飾って明るいスペースに。

## オープン収納がラク

レール式の可動棚にしてオープンな収納に。扉の開閉がなくなってラク！ 心配していた匂いも気になりません。

## 玄関にゴミ箱を置く

靴に入った砂を捨てたり、DMを捨てたり、玄関にゴミ箱があると便利。IKEAで子どもも持てる軽い素材のものを選びました。

## 靴乾燥機をカゴバッグに入れて収納

息子のサッカー靴をよく洗うので、玄関に靴乾燥機が必須に。使わないときはカゴに入れてすっきり。

## カゴの中によく使うものを入れて

ガムテープや梱包材、資源ゴミをまとめるハンディラップ、マスクや携帯カイロをカゴに入れて玄関で使いやすく。

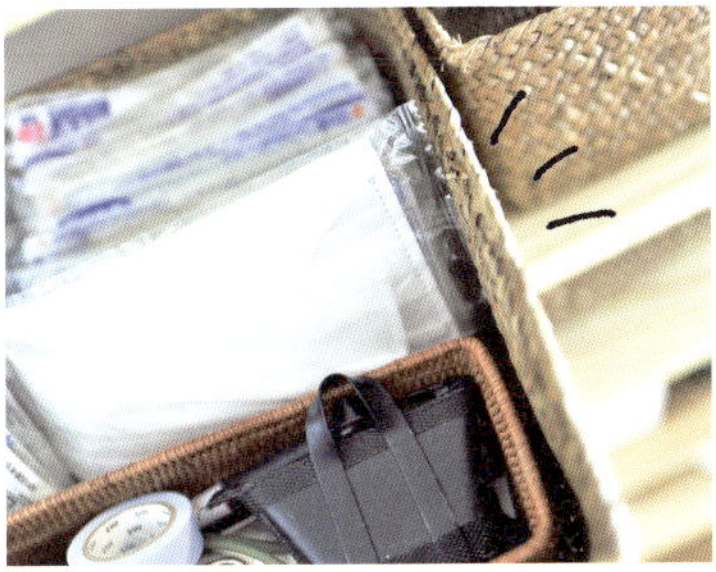

column

# 3 〝これから〟の買い物ではなく〝これまで〟に向き合う

「買い物の履歴を見てみよう～！」

私が講師として開催している〝モノ選びのルールを見つけるワークショップ〟で、受講生のみなさんと買い物の振り返りをします。〝これから〟の買い物に目を向ける方が多いのですが、大事なのは〝これまで〟。過去の買い物には良かった点と失敗した点があるはず。良かった点は次に生かし、失敗した点は「どうして失敗したのか？」と理由を考えます。そして大事なのは、「それを踏まえて今後どうするか？」のルールを見つけること。

たとえば失敗の理由が「〝2点買うと10％OFF〟に惹かれて買ったけど、結局ひとつしか着ていない」なら、これからのルールは「まとめ割引に注意しよう」。失敗した理由が「トルソーに着せてある服が良く見えたけど全然着なかった」なら、これからのルールは「トルソーに着せてある服はいつもより厳しくチェックする」。そうやって失敗した理由とルールを書き出していくと、〝私だけの服選びのルール〟が出来上がります。

私自身、失敗したこともたくさんあります。時間のないときに慌てて買って失敗したり、プチプラを買って翌年に持ち越せなかったこともあります。でも失敗があったからこそ、「時間がないときは妥協せずに待つ」「プチプラは買わない」という今の服選びのルールが出来上がってきました。失敗した服も勉強料だと思えば、無駄ではないはずです。

「自分の服選びの軸がわからない」という方は、ぜひご自身の買い物の履歴を振り返って、失敗した理由とそれを踏まえたルールを書き出してみてくださいね。

chapter

# 4

# わたしがラクする シーン別の服選び&旅行の準備

子どものスポーツ応援に学級参観、
暑い日や雨の日、そして家族旅行
……着るものに迷いがちなシーンで
選ぶ服のポイントをご紹介します。

アウター、パンツ
／HELLY HANSEN
ニット／MORRIS & SONS
ブーツ／THE NORTH FACE
靴下／靴下屋

Tシャツ、パーカ、パンツ、キャップ
／THE NORTH FACE
靴／NIKE

毎週のことだから

# 子どものスポーツ応援の制服化はじめました

週末は朝から夕方まで息子のサッカー応援！　のわが家。夫がコーチをしていることもあって、もうサッカー中心に生活が回っているといっても過言ではありません（笑）。そんな中、ひとつ悩みが……。それは付き添いに着て行く服のこと。

「どんな服を着て行こう……」「今日は砂ぼこりが舞う場所だから、汚れてもいい服がいいかな？」など、毎回場所に合わせて服を考えるのが大変でした。この先も続くことなので、友人を見習ってサッカー付き添い服の〝制服化〟をす

## スポーツ応援のアイテムも定番化

**S字フック**

サッカーでも旅先でも。S字フックで椅子にバッグをひっかけて。

**サングラス**

目から日焼けしないように必ずサングラス＆ストラップを。

**サッカーグッズの収納**

廊下の一角にスチールラックを置き、“サッカーグッズ専用ラック”に。

**保冷バッグ**

丸一日試合の日は食べ物もたくさん。夏は保冷バッグが活躍。

ることに。

私が選んだのはアウトドアブランド。以前なら「スポーツウェアにお金をかけるなんてもったいない〜」と思っていたのですが、夫や息子のスポーツウェアを洗濯しながら速乾性のすばらしさや耐久性に気づき、「やっぱりアウトドアブランドは優秀！」という結論に至りました。

質がいいぶん安くはないけれど、妥協して買って、また買い直すなら、お気に入りのものをひとつ買うほうがいい！ と考えています。

# シーン別のファッション

## よそ行きのおでかけ

### ホテルのランチへ行くなら

落ち着いた空間に行くときは素材で服を選びます。ワンピースは生地の質感がいいもので、バッグと靴は革に。非日常のシーンではあれこれコーデを考えなくていいワンピがラクです。

ワンピース／Ballsey
バッグ／OURHOME
ストール／INOUITOOSH
ブーツ／TOMORROWLAND

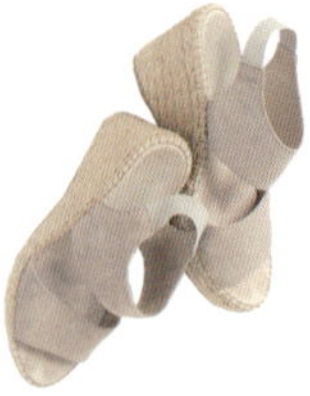

### お仕事の方とのお食事会なら

仕事の食事会ではお相手やお店の雰囲気に合わせて服を選びます。年上の方が多いときはきちっとした感じのワンピースを。自分らしさも残るようにバッグはいつものものを。

ワンピース／Ballsey
バッグ／OURHOME
サンダル／Calzanor

## 雨の日は選ぶパンツと靴を定番化

パンツは裾がすぼまった濃い色のものを選び、水がはねても気にならないように。車通勤なのでレインブーツは持たず、普段もはける“ディンクルズ”のエナメルマーチングシューズをはいています。

ワンピース、パンツ／mizuiro ind
カットソー／BEAUTY & YOUTH
バッグ、傘／OURHOME
靴／DINKLES

## ウールパンツを選び インナーで暖かく

寒い日はウールパンツを選び、下にヒートテックを着ています。一日中外にいる日は携帯カイロを貼って。昔から着こむより薄着が好きで、インナーで温度調整しています。

カットソー／HERRY HANSEN
コート／chécutte
パンツ／MACPHEE
バッグ／OURHOME
靴／Chaca

# 涼しいワンピに
# 日よけアイテムをプラス

暑い日はノースリーブのワンピがいちばんラク。ノースリーブは袖口が大事で、少し肩にかかっていると腕が太く見えにくい気がします(笑)。日よけにストールと帽子、サングラスを。

ワンピース／mizuiro ind
ストール／OURHOME
ハット／Gxnap
サングラス／IZIPIZI
靴／Calzanor

## 派手な服は避けてやわらかく

白や水色のニットでやわらかい印象に。子どもが主役なので、私が目立たないようにその場になじむ服装を選んでいます。

カットソー／BONbazaar
パンツ／mizuiro ind
バッグ、ストール／OURHOME
シューズ／FABIO RUSCONI

### 学級参観

### 入学式

## ジャケットだけ新調して、あとは手持ちの服を

ジャケットは普段も着られるものを購入。中は手持ちの光沢のあるブラウスとスカートです。できるだけシーン専用を持たないように。

ジャケット、ブラウス／Ballsey
スカート／TOMORROWLAND
バッグ／ハセガワ
靴／unity
コサージュ／OURHOME

## 長く着られるフォーマルなアンサンブル

結婚当初に「大きいサイズを持っておきなさい」と母が買ってくれたアンサンブル。サイズが大きすぎて眠っていましたが、自分で購入したワンピースが入らなくなり、これがぴったりに……。

アンサンブル／Ramus
バッグ／NO DATA
靴／unity

浴衣

ブラック
フォーマル

## 祖母が贈ってくれた浴衣とかごバッグ

子どもたちが小さいころはよく一緒に浴衣を着て出かけました。今は着る機会が減ってきたけれど、祖母の「浴衣だけはきちんと持つものよ」という教えを守って大事にしています。

浴衣、バッグ／NO DATA

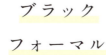

# わたしがラクする旅の準備

## 4泊5日ビーチ編

毎年夏に4泊5日の旅行をするわが家。
行き先は沖縄など南の島が定番です。
ラクに準備するために必需品をリスト化して、
30分もあれば用意できる仕組みに。

### スーツケースのパッキングは毎回同じ

左には“水関係”、右には“着替え”と“洗面用具”を入れます。10年以上南の島への旅行を続けるうちに、配置が決まってきました。

### スーツケースは毎年レンタル

旅行用のスーツケースは毎年レンタル。1年に1回なので、収納スペースをとらず毎年違うモデルを選べる自由さを選んでいます。

**POINT**

- 着替えは家族それぞれに洗濯ネットに入れて用意
- 更衣室が男女別なので水着は男女で分けて手提げ袋に着いたらこれだけ出してビーチへ直行
- パジャマ、タオルは持っていかない（ホテルのものを借りる）
- ホテルのパジャマは脚が出て冷えることがあるので、必ずレッグウォーマーを持参
- ドレスコードがあるお店に行くときは長ズボン、シャツをプラス
- 雨予報の場合はレインコートと折りたたみ傘をプラス

## 持ち物はリスト化して直前にポイポイ入れるだけ

旅の持ちものは入れる場所別にリストを作ってスマホに保存。帰りの機内で要不要を更新すれば、翌年の準備がさらにスムーズに。

## 薬と充電器はリストカードを作って

入れたままのリストカードを見ながらつめるだけで完了。中身が見えるポーチ（無印良品）は、「あれどこ？」と聞かれなくてラク！

### 子どもの機内持ち込みリュックの持ち物リスト

- 子ども携帯
- 携帯の充電器
- ジップロックに入れた折り紙
- ジップロックにいれた鉛筆、消しゴム
- 夏休みの宿題の日記ノート
- 機内で読む本
- マイノート
- のり
- マスキングテープ
- サングラス＆ストラップ
- 帽子

### 機内持ち込みバッグの持ち物リスト

- ショルダーバッグ（貴重品入れ）
- 旅のチケット
- 財布（現金）
- 免許証
- 保険証
- ETCカード
- 銀行カード
- クレジットカード
- 家の鍵
- 携帯電話
- カメラ
- SDカード
- パソコン
- 旅行本
- マイノート
- 500mlの水筒
- ハンカチ
- ウェットティッシュ
- ストール
- アームカバー
- 日焼け止め
- 帽子
- サングラス

## 事前にやること＆お土産の数もリストアップ

持ち物だけでなく、旅行までのTODOやお土産を買う人も準備リストに入れています。

### 事前にやること

- □ 給湯器とトイレの電源を切る
- □ タクシーを予約する
- □ お花の水やりをお願いする
- □ 金魚のえさやりをお願いする

### お土産

- □ 会社
- □ 実家
- □ 義実家
- □ ○○××
- □ ○○××
- □ ○○××

# わたしの夏旅の服リスト

リラックスできるように、ゆるっとした服を持って行きます。滞在先で洗濯することと水辺で濡れることを考えてすぐ乾くものに。

全部薄くてすぐに乾く服ばかり

### ネイビーワンピース

必ず1枚持って行くネイビーワンピ。機内やレストランなどのお店用に。

ワンピース／mizuiro ind

### Tシャツ1枚

荷物を少なくするため滞在先で洗濯するので、綿ではなく速乾素材を。

Tシャツ／BEAUTY & YOUTH

### リネンのホワイトカットソー

リネンはすぐ乾くので旅向き。日よけに水着の上にかぶったりもできます。

カットソー／URBAN RESEARCH

### ロングスカート

着替えに便利な必需品。更衣室がない場所でラップタオル代わりに使えます。

スカート／MidiUmi

### パンツ2枚

手持ちのゆるいパンツの中でも特にゆるく薄いもの。リゾートらしく色柄を。

パンツ／（左から）
mizuiro ind
URBAN RESEARCH DOORS

### ショートパンツ2枚

水着の上にはいたり、パジャマがわりにしたり。脚を出すのは旅先限定！（笑）

ショートパンツ
／（ともに）UNIQLO

### カップつきインナー3枚

リネンカットソーやTシャツの下に着ます。

ブラトップ／UNIQLO

### タンクトップ1枚

ほとんど水着で過ごすので、普通の服は最小限。タンクトップは1枚だけ。

タンクトップ／MACPHEE

### ストール2枚

プールサイドで足にかけたり、エアコン対策に。無地と柄ものを1枚ずつ。

ストール／（左から）
OURHOME
MANDRAKE

# 夏旅のマイルール

## 行きと帰りは同じワンピース

行き帰りの日は普段の街を歩くので、カジュアルすぎず、ラクなワンピースに。ドレスコードのあるレストランにも着て行けます。

## ひとりずつ自分の引き出しを決める

子どもたちに「どの引き出しがいい？」と選んでもらい、人別に衣類と水着を1段ずつ収納。自分で決めると、自分で出し入れをするように。

## ホテルに着いたら荷物は全部出す

到着したら必ずスーツケースを空っぽにします。着替えのたびにスーツケースを開け閉めするのは面倒なので、服はすべてクローゼットへ。メイクポーチは洗面台へセット。

## 水着はカラフルなものにすると家族を見つけやすい

私のラッシュガードは派手なピンクレッド。子どもたちの水着もカラフルで、水着としてだけではなくボトムとして着られるものを選びました。

ラッシュガード／HELLY HANSEN　子どもの水着／H & M

# 1泊2日温泉編

週末は息子のサッカー中心でまわるわが家。
大雨で練習がない日に「今から行く!?」となることも。
1泊旅行の持ち物リストもスマホに保存して、
15分で行く準備ができるように。

1泊旅行はスーツケースは持たず、大きめのトートバッグと子どもたちのリュックだけ。

家族4人で
荷物はこれだけ

### 私のバッグ

- 貴重品入れのショルダーバッグ
- 旅のチケット
- 財布(現金)
- 免許証
- 家の鍵
- 携帯電話
- パソコン
- カメラ
- SDカード
- マイノート
- ペン
- ハンカチ
- ウェットティッシュ
- 帽子
- サングラス
- ストール
- 下着
- 靴下
- メイクポーチ

### 子どもたちのリュック

- 子ども携帯
- 携帯の充電器
- マイノート
- のり
- マスキングテープ
- サングラス&ストラップ
- 帽子
- 下着
- 靴下

子どもは
自分で準備

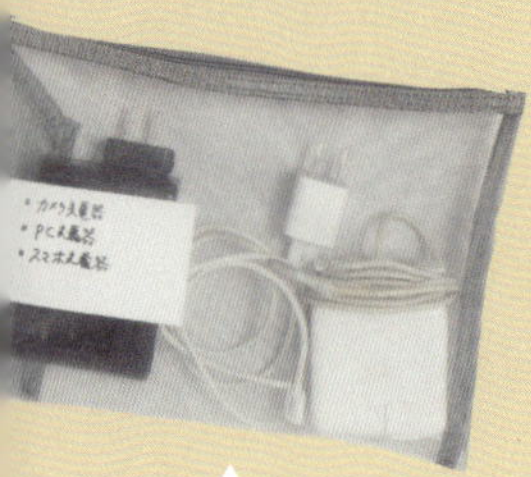

### 充電器ポーチ

- パソコンの充電器
- 携帯電話の充電器
- カメラの充電器

### マイノートは家族全員持って行く!

家族全員持っている"マイノート"(p24参照)は旅先にも持参。旅で感じたことをホテルで書きます。時間が経つと忘れるのでライブ感が大事!

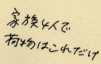

# 荷物を
# コンパクトにするコツ

## 服は2日同じでいい

私の着替えはなし！と割り切って。翌日の服をあれこれ考えるより、気軽に出かけられるスピード感を優先。

ワンピース／mizuiro ind
バッグ／OURHOME
スカーフ／TOMORROWLAND

カットソー、パンツ／UNIQLO

カットソー／LSP
レギンス／devirock

## 洗面ポーチは家族でひとつ

私のメイクポーチにコンタクトとヘアオイル、夫の髪用ジェルを追加。あとはホテルにあるものをお借りします。

メイクポーチ／OURHOME

## パジャマ代わりになる服を持って行く

子ども用のパジャマがないホテルもあるので、もしものとき用に、パジャマとしても使える着替えを選びます。

## ショルダーバッグをバッグインバッグに

旅行に行くときはショルダーバッグに貴重品を入れ、トートに入れています。貴重品だけ持ち歩くときに便利。

ショルダーバッグ／OURHOME

column

# 4 お金の使い方は人生観にかかわる

1章で触れたように、服を買うお店を数店舗にしぼっている私。その理由のひとつとして、〝店員さんと仲良くなるといいことがたくさんあるから〟ということがあります。

常連になると店員さんがサイズを知ってくださるし、私好みの服を出してきてくださったり、「○月ごろにこんな服が入荷しますよ」と情報をくださったりして、いいことばかり！

何より、〝信頼している人から買う〟うれしさがあります。

人との関わりは最小限でも服は買えますが、私はやっぱり〝人から買いたい〟思いが強いです。それは私自身がモノづくりをしているからかもしれません。メーカーさんや職人さんと打ち合わせを重ね、素材にこだわり、検品して……ゼロからモノを生み出す大変さを知っているから、自分が買うときも「応援したいブランドを、正規の価格で販売員さんから買いたい！」と思っています。

今はいろんな方法でモノを定価よりも安く手に入れることができます。けれど、「どんな経路であっても、安ければ安いほどいいのかな？」と思うと「う〜ん……」と考えてしまう私。もちろん使えるお金には限りがありますが、モノを買うことでその先にある文化やクリエイティブな才能を応援することにつながるような、そんなお金の使い方ができたらいいなと思っています。親がどんな買い方をしているかは子どもたちも見ているはず。人生観がそのままお金の使い方に表れると思うから、子どもたちに胸を張れるようにいつも考えています。

chapter

# 5

# 家族みんなの服選び

子どもたちと夫が着る服は本人におまかせ。それぞれが好きなものを選んでいます。この章ではみんなの服選びと収納方法をご紹介します。

〝好き！〟を見つけてほしいから

# 子どもの服は子ども自身が選ぶ

子どもたちが保育園に通っていたころ、平日は柄もの、上下ピンク、サッカーのユニフォームなど、子どもたちが好きなものをとことん選んで、キャラクターものの靴下もはいてきました。

だけれど週末だけは大人のおしゃれを伝えたくて、休日専用の服は主に夫が選び、平日着る服とは分けてクローゼットに収納。家族でファミリーコーデを楽しんできました。

現在小学生になった子どもたちは、平日の服も休日の服もほぼ自分たちで選ぶようになっています（息子は週末はほぼサッカーですが、時々着るお出かけ用の服だけはまだ夫が担当）。

小さいころに「好きなものはとことん好きでいいよ！」と伝えていたら、その〝好き〟がさまざまに変遷して、娘はいつのまにかシックなおしゃれが好きになってきました。

息子は保育園時代から変わらず1年中サッカーのユニフォームを着ていますが、買い物に行くときはきちんとした格好で行くTPOもちゃんとわかっている様子。

「〝好き〟を好きでいていいよ」と伝えてきてよかったし、TPOもちゃんと伝えてきてよかったな、と思っています。

# 子ども服の収納

まだ服が小さいのでふたりでスチールラック1台分。
左右で子ども別に分け、手が届かない上段にオフシーズンの服をかけています。

# 子ども服の収納

## こんなふうに変わってきました！

以前のマンションから引っ越しても、今の家をリフォームしても、服の収納はずっとスチールラック。子どもの成長に合わせて形を変えられるのがいいところです。

### 0〜1歳

トップスはたたむのが面倒なのでかける収納に。靴下や下着、ズボンは引き出しに1ジャンルずつポイポイ収納にしていました。

身支度ロッカー

### 1〜6歳

保育園に通っていた頃は、平日着る服は洗面所の“身支度ロッカー”に置いて子どもたちが自分で用意。クローゼットのスチールラックには休日に着る服をかけていました。

### 6歳〜10歳 ▶（P.106）

小学生になってからは平日服もスチールラックにまとめ、子どもたちがすべて自分で取り出せるように。オンシーズンとオフシーズンで上下に分けています。下着、靴下、パジャマだけは洗面所に収納しています。

## 子どもの服選び

### 娘

ワンピース、キュロット／GLOBAL WORK
タンクトップ／enchante petit
Tシャツ／sospita
ショルダーバッグ／PINK HUNT

### おしゃれが好きな娘の〝好き〟を一緒に体験

おしゃれが大好きな娘。保育園のころも〝自分の好き〟を大事にしてきたのですが、ピンク大好き！　から少し大人っぽくなり、今はティーンファッション誌『ニコラ』を毎月愛読。憧れのお姉さんブランドはまだ娘にはサイズが大きいようで、それと似た服を一緒に買いに行ったりしています。洋服を買ったらタグや感想、価格もマイノートに書き込んでいる様子。好きな服はネットにいれて洗濯に出す徹底ぶりで、私も尊敬するほどなんです。興味のあることを一緒に広げていけたらなと思っています。

### 息子

基本はスポーツブランド

ジャケットだけはいいもの

### 毎日、大好きなサッカーのユニフォーム

サッカー少年の息子が選ぶ服はほとんどスポーツウェア。一年中Tシャツを着て、秋冬はタートルネックか黒いトレーナーを重ねています。休日用の服は〝グローバルワーク〟や〝ユニクロ〟で季節ごとに上下一着ずつ買うのみ。よそ行き用にジャケットだけは1枚持っています。

子どもたちの服を買うタイミングは基本的には季節のはじめごろ。合わせてみてサイズアウトした服を手放し、足りないものを購入します。

Tシャツ(黄色)／adidas
Tシャツ(ストライプ)／PUMA
ジャケット／ZARA BOYS

## 子どもの靴選び

### サンダルは定番を毎年買いかえる

マジックテープで脱ぎはきがしやすく、川にもこのまま入れる〝グローバルワーク〟の黒いサンダルを毎年買いかえています。どんな服にも合うし、カラフルな靴下を合わせてもかわいい。

### 子どもはブーツをはくとおしゃれに見える

2〜3歳ごろからムートンブーツをはいている子どもたち。防寒性が高いし、子どもがはいているとかわいくて毎年更新しています。小学4年生の今は〝ハンテン〟のちょっとカッコよく見える合皮レザーのものを。

# 夫の服選び
## インタビュー

アパレル勤務経験もある夫は服選びにマイルールがあるよう。この機会に、夫が服選びでラクするポイント、こだわるポイントを聞いてみました！

リフォームを機に
スチールラック
1台分に

### 夫のクローゼット

働き方を変えて着なくなったスーツなどを少しずつ手放し、スチールラック2.5台から1台まで服を減らした夫。そのときの生活スタイルに合わせて自分をどんどん更新する姿勢がクローゼットに表れていて、「私も見習いたい！」と思っています。

rule 1

### 足首がしまっているパンツをはく

「足首が見えるパンツ、足首がしまっている形のパンツは細く見える気が。丈が短いものはお直しがいらないところがラクです」

トップス／UNITED TOKYO
ボーダーカットソー／BEAUTY & YOUTH
ジャケット／JOURNAL STANDARD

rule 2

## 体のラインを拾わないように

「体のラインを拾わないよう、1枚で着る服はハリのある生地に。夏はニットを肩にかけたり、薄手ジャケットを着て気をつけます」

rule 3

## ジャケットもパンツもストレッチ素材

「ジャケットもパンツも絶対にストレッチ素材を選ぶ！ 家で洗濯できるし、着ていてラク。徐々に移行していきました」

ジャケット／ALTORITMO
パンツ／TORAY

rule 4

Tシャツ／BEAUTY & YOUTH

## Tシャツは首回りのあきが狭いもの

「"BEAUTY & YOUTH"のTシャツは首回りがしっかりしていてあきが狭いのが気に入って、何枚もリピートしています」

rule 5

## ネットでも服を買う

「買い物は好きだけど、家族との時間や他に時間を使うためにネットで服を買うことも。ZOZOTOWNは以前購入した服のサイズと比較してくれるのでイメージしやすいです」

rule 6

## 服のお直しはしない

「お直しに出すのが面倒で、袖が長いものは内側に折るだけ。袖口にボタンがなくて折りこめるものを選べば意外といけます（笑）」

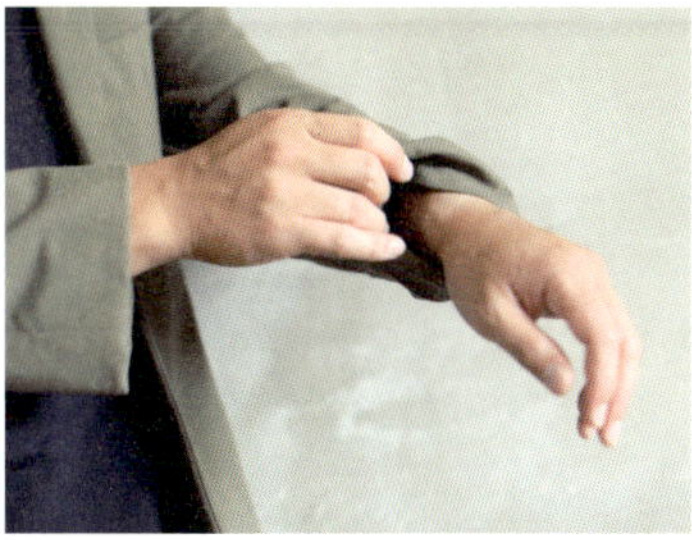

# 休日のファミリーコーデ

夫
アウター／
TRADITIONAL WEATHERWEAR
カットソー／FORK & SPOON
パンツ／NIKE
靴／Onitsuka Tiger

息子
トップス／ORCIVAL
パンツ／KiCCOLY
シューズ／adidas

私
パーカ、バッグ／OURHOME
カットソー／BEAUTY & YOUTH
スカート／mizuiro ind
ストール／INOUITOOSH
靴／Chaka

娘
トップス／ORCIVAL
レギンス／UNIQLO
靴／ZARA KIDS

## ボーダーから色を取り入れる

全員ボーダーだと恥ずかしいので(笑)、3人がボーダーで私はボーダーから色を取り入れました。夫婦の靴の色も合わせてさりげなく統一感を。

## 買い物は家族みんなで！

たまに家族でよそ行きのおでかけをするときは、さりげないおそろい感を楽しみます。いちばん先に着替えた人の洋服に家族が合わせるので、早い者勝ち！

ちなみに子どもたちの服はもちろん、私や夫の服を買うときも家族みんなで買い物に出かけます。〝子どもを預けてゆっくり〟よりも、今はできるだけ休日は一緒に過ごしたいなと思っています。

家族と一緒に行くと、「この服とこの服どっちに

おめかしして
レストランに

## 黒を中心に
## トーンをそろえる

黒い服を中心にモノトーンでそろえて。黒い服ならみんなたいてい1枚は持っているし、子どもがモノトーンを着ているとカッコよく見える気がします。

私
ワンピース／MIDIUMISOLID
ストール／NO DATA
靴／FABIO RUSCONI

娘
ワンピース／enchante petit
ストール／NO DATA
靴／HANG TEN

息子
アウター／PANTON
ニット／OCEAN & GROUND
パンツ／GLOBAL WORK
シューズ／adidas

夫
ジャケット／TOMORROWLAND
ニット／UNITED TOKYO
パンツ／monkey time
靴／NIKE

子どもたち
遊びでサングラス（笑）

しよう？」と迷ったときに客観的な意見をもらえます。いつも一緒に買い物することでお互いの好みをシェアできるので、子どもたちが意外と鋭い意見をくれることも。以前失敗した赤いスカート（P.18）も、買うときに娘が「これはあんまり似合わないんじゃない？」と心配してくれて、あとで振り返って「よく見ているな〜！」と思いました。もちろんいつもそうではないけれど、両親の買い物にアドバイスをする役割を持つのは、子どもにとってもうれしいようです。

column

# 5 美容院にはおしゃれをしていったほうがいい

　いつもお願いしている美容師のERIさんは「Emiちゃんはこれ以上髪切ったら顔が大きく見えるからあかん！」と、とってもズバッと言ってくれる友人（笑）。似合うものと似合わないものの客観的な意見をくれるのが本当にありがたいです。

　美容師さんだけではなく友達とも、より良くなるためにはっきり意見を言い合える心を開いた関係が好きな私。そのためには、待っているのではなく自分から「デニムより今日のワイドパンツのほうが似合ってるよ〜！」などと気づいたことを言うようにしています。

　長い付き合いの友達は私の仕事にズバッと意見を言ってくれることもあり、そんなときは初心に返ったり、逸《そ》れようとしていた軌道を修正したり。本当に自分にとって必要なことに気づかせてもらえます。そして私からも友達の仕事に対してアドバイスしたり、意見を言うことも。

　仕事でもそうですが、人との関係はもらうばかりではなく、相手に何かもらったら自分も返す、ギブアンドテイクがやっぱり大切だなと思うのです。

　美容師のERIさんに言われてハッとしたのが、「美容院にはおしゃれをしていったほうがいい」ということ。それは、美容師さんも人間だから、お客さんの服装によってどうなりたいかが想像できるし、本気を感じると美容師さんもより全力で応えたいと思う、というお話でした。

　適当な格好で行って「素敵にしてください」ではなくて、「私のイメージはこうです」という意思を服装で表すことがとても大事だなと気づかされました。

chapter

# 6

# わたしがラクする美容と健康

服だけでなく、髪や肌、メイクなど、
トータルの身だしなみが清潔感につ
ながります。そしていちばん大事なの
は何よりも健康！ だと思っています。

## 40代、50代を楽しく過ごしたいから

# 夫婦で健康習慣はじめました。

今、私は40〜50代になるのが楽しみでとてもわくわくしています。

以前は目の前のことにせいいっぱいでしたが、子どもたちも10才になり、心に余裕ができたこと、仕事で魅力的な年上の方と会うことが増えたことで、少し先の未来を楽しく想像するようになりました。

年齢を重ねたとき、健康で仕事も暮らしも楽しんでいたい。そのためには30代後半でいかにケアするかで40代以降の体が違ってくる気がして、美容健康を意識した生活にシフトしています。

健康志向になったきっかけのひとつに、30代なかばに経験したアレルギーがあります。毎日顔の腫れがひかず、化粧水がしみるような状態が3ヶ月ほど続きました。検査しても原因は判明せず……。思い当たるのは自転車に乗らなくなり汗をかく機会が減ったこと、忙しくて免疫力が落ちていたことでした。これを機にホットヨガを始め、体にいい食材宅配を始めたり、ハウスダストに気をつけたりと少しずつ身体のことを考えた生活に切り替えていきました。

夫は夫で子どものサッカーチームのコーチを務めるうちに、どんどん健康志向に。子どもがとる食事の栄養素について勉強したり、親子で毎日ストレッチをしたり、さらには寝る前に美顔器をあててアンチエイジングしたりと、私より意識が高い（笑）！　夫婦で切磋琢磨しながら、身体にいい生活を送るようになりました。

生活を変えてからは不思議なほど疲れにくくなり、風邪をひかなくなって、生活習慣がいかに大切かを実感！　自分の行動によって身体の調子を取り戻せたことで、ミドルエイジを楽しく過ごす見通しが持てるようになりました。

**洗面所のラクする仕組み**

毎日身だしなみを整える負担を減らすため、ワンアクションですぐに取れる仕組みをつくっています。

メイクポーチは
すぐ使えるところに
ドライヤーは
ワンアクションで

# Health

# 体を整えることが生活の土台

仕事も子育ても、自分が健康でいることがすべての土台です。

「体にいいことをしたほうがいい」とわかっていても、なかなかできないことも多かったけれど……体のサインを感じて、今は健康的な習慣が身についてきました。

## ホットヨガ始めました

皮膚炎になったとき、心配した母に「最近汗をかいてる？」と言われてハッとしました。その場でホットヨガの体験を予約し、時々通うように。プロにやり方を習うと家でも動画を見ながら日常的にできます。

## 体を鍛えるバランスボール

息子の体幹トレーニングや私のヨガに使うバランスボール。小ぶりでコロコロ転がらない台座つきです。テレビを見るときに座ったり、すぐ使えるように出しっぱなしでも気にならないものに。

## 顔ヨガの紙をトイレに貼って

顔ヨガやヘッドマッサージの紙をトイレに貼っておいて、ちょこちょこ顔の筋肉を動かします。家族みんなで表情筋を鍛えられる！（笑）

## 家族みんなでストレッチ

肩甲骨を伸ばしたり、開脚したり。息子と夫がサッカーを始めてから、家族みんなでおしゃべりしながらストレッチするようになりました。特に夫は本気で、ストレッチしたら丸をつけるチェックシートを作成しています（笑）。

## とにかく睡眠をしっかりとる

フリーランスになりたてのころは深夜まで仕事をしていましたが、睡眠を削ったぶんいい仕事ができたと思えたことはなく……それ以降、子どもと一緒に21時に寝るのが日課になりました。あずきのネックウォーマーやレッグウォーマーで体を温め、就寝態勢をつくります。

## 週末朝は娘とカラオケに

土曜日の午前中は歌が好きな娘と時々カラオケに！　親子のコミュニケーションになるし、私もお腹から声を出すことがいいストレス発散になっています。

## 毎朝白湯《さゆ》を飲む

コーヒー党で朝からブラックコーヒーを数杯飲んでいた私ですが、健康を考えて白湯を飲み始めました。仕事中もコーヒーばかりでなくお水を多めに。

## 体型を気にするちょっとの工夫

スナック菓子はひと袋食べるのが好きな私。最近コンビニでよく見かけるミニサイズは食べきる満足感もあるし、カロリーとの折り合いもついてちょうどいい！　年齢とともに代謝が下がってくるから、ストレスをためない程度に気をつけたいなと思っています。

# Beauty

## 夫婦で使える
## 美容のモノ選び

「いい歳の重ね方をしよう！」と、このところ夫婦で美容に取り組んでいるわが家。ヘッドマッサージをしたり、コロコロローラーを使ったり、日々の生活の中に美容習慣を組み込んでいます。

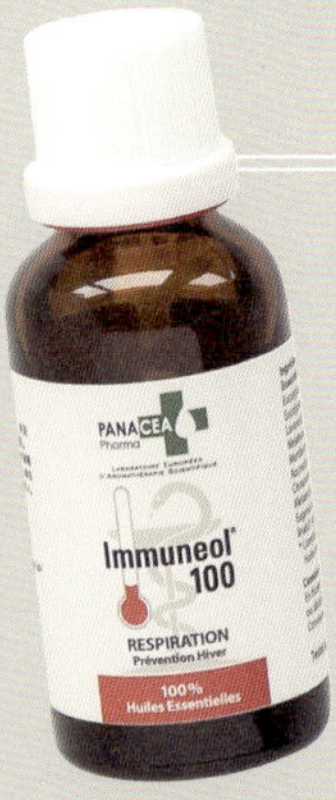


### 香りはケア用のアロマのみ

代替医療として使われている“イムネオール”の香りが好きで毎日つけています。のどがいがいがしたとき、蚊に刺されたときなどにも使うので、3本持って仕事場でも愛用。

### 全身に使えるオイル

保湿とマッサージのために“ニールズヤード”のマッサージオイルを夫婦で兼用。香りがよくて子どもも気に入っています。ラクに使うためにフタをポンプ式に替えたいなと思っています。

### ピン！ ときたフェイスタオル

フェイスタオルに求める条件は“500円以内”で“濃い色”、そして“無地で分厚すぎないもの”。最近買い替えのタイミングで見つけたのはなんとコンビニ（セブンイレブンのオリジナル商品“極ふわ”）！　洗濯してもへたれず、お値段も大満足。夫や子どもも「ふわふわ！」と気に入っています。

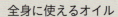

## 夫婦で始めた水筒持ち歩き

「環境のためにもできればプラスチックを減らしていこう〜」と夫婦で水筒の持ち歩きを始めました。私はルイボスティーを入れて仕事中に飲むので、美容・健康にも○。同じ水筒で揃えたのは、パーツが同じでどれを使ってもいいからです。

## 肌のケアを見直しました

肌の刺激を最小限にするため、牛乳石鹸を手で泡立ててタオルを使わずに体を洗います。朝の洗顔もぬるま湯だけに。皮膚炎を経験してから自分に合うスキンケアを見直しました。

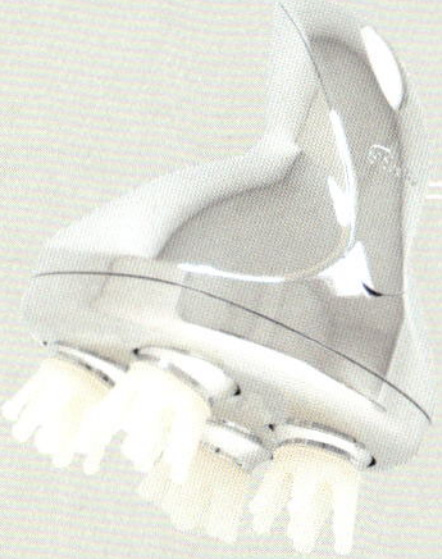

## ヘッドマッサージで頭皮をやわらかく

「頭皮が固いと皮膚が下がり、顔のたるみにつながる」と聞いて自宅ヘッドマッサージを始めました（“リファ”のグレイスヘッドスパ）。すると気になっていた二重アゴが少しひきしまった気が！

## コロコロローラー

TVの撮影のとき、メイクさんが貸してくださった“リファ”のマッサージローラーがあまりに気持ちよくて購入。ソファーで顔や指をマッサージしてリラックスできます。

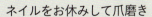

## ネイルをお休みして爪磨き

肌のためにジェルネイルをお休みするときは爪磨きをします。指先の清潔感は印象的な気がして、いちばん手をかけるパーツかもしれません。娘とネイル屋さんごっこをしたりして、楽しく続けられる工夫を。

Make

きちんと。でもラクに！

# メイクをアップデート

若い頃の写真を見ると、
今と全然顔が違うことに驚きます。
眉が細く、チークが薄くて今よりかなり
クールな印象でした。年を重ねるごとに
もっとやわらかい印象に変えたくて、
メイクのしかたを更新。
いつもお世話になっている美容師さんに
教わり、正しい筆の使い方や
落ちないメイク法も身につけました。

メイクを
更新

## 毎日リップを塗る

リップを塗るときちんとした感じが出るので、30代半ばごろからは毎日塗るようになりました。カラーは派手すぎず、服を選ばないコーラルピンクが定番。色々持たず1本を使い切ってから新しいものを購入します。

リップ／THREE

## きちんとブラシを使う

一生ものとして長く使っている白鳳堂のブラシ。ずっと自己流でしたが、美容師さんに教わってから使い方が変わりました。眉尻をもっと長く描くようになり、リップを塗るのにもちゃんとブラシを使うように。使いはじめて10年になります。

ブラシ（黒）／THREE
ブラシ（ゴールド）／白鳳堂

## プロに教わった落ちないメイク

1 縦にジグザグに塗る

繰り返す

2 ティッシュオフ

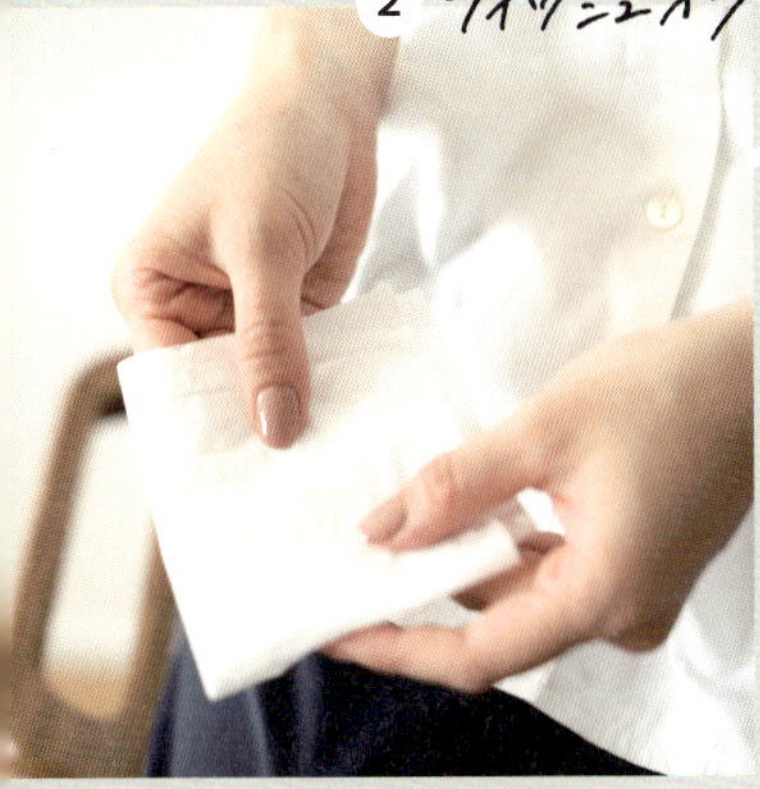

### リップ

ブラシを使い、縦に動かして口紅を塗って、ティッシュでオフ。また縦に動かして塗ってティッシュオフ。これを繰り返すほど口紅が落ちにくくなります。少し時間がかかるけれど、ちゃんとメイクしたい日に◎。

1 肌をサラサラにしてから

2 眉をかく

### 眉毛

眉を消えにくくするためには、粉をはたいて肌を完全に“サラサラ”にしてからペンシルを何度も重ねます（私は最後にブラシでぼかします）。夕方まで眉尻が消えなくなり、メイク直しがいらなくて本当にラクに！

## メイクをラクするポイント

### 下地と日焼けどめは1本で

時短の一環で下地と日焼け止めは1本にまとまったものを使っています。数年前にひどい皮膚炎を経験しているので、皮膚科の先生に勧めていただいた肌にやさしいものを選びました。

化粧下地／ラ ロッシュ ポゼ

# Hair

ロングヘアから
## ミディアムに髪型を一新！

長い間ロングヘアをひとつに結ぶのが定番でしたが、40歳を前に自分のスタイルを更新したくて、ばっさり切ってミディアムに。信頼している美容師さんに完全お任せでお願いしました。髪型を変えるといつもの服が違って見えて新鮮！ 今の自分にしっくりきています。

今の髪型

パーマはかけず、肩にかかるミディアム。センター分けにすると髪がぺたんとするので斜め分けにして流しています。

Before

朝の準備

朝のヘアセットは5分

素髪をヘアアイロンで巻いたあと、毛先にオイルをつけてなじませます。毎日巻くのは一見手間だけど、寝癖を直すより実は何倍もラク。

収納術

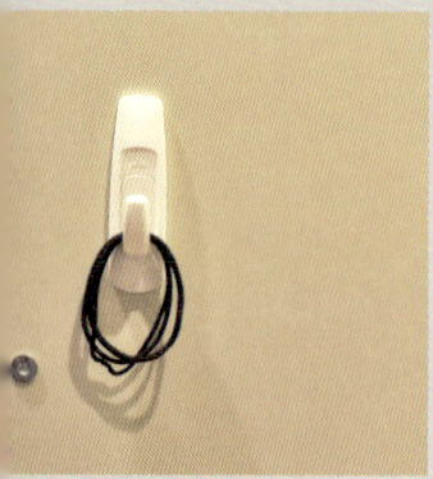

髪の毛まわりのラクな収納

ヘアゴムは三面鏡ウラにつけたフックに吊るしてすぐに取れるように。ドライヤーは引き出しに入れず、パッと取れる収納にしています。髪を乾かすのはちょっと面倒だからこそ、ラクできる仕組みに。

## 日中の髪型直し

### へたってきたらジグザグに

髪がへたれてきたら一度オールバックにして指で髪を細かくジグザグに分け、下ろします。すると根元が立ち上がってフワッといい感じに。簡単にニュアンスを出せるテクニックです。

### シャンプー&リンス

サロンで購入した"リ：シャンプー"を使い始めて髪が落ち着いてきました。

## モノ選び

### ドライヤー&ヘアアイロン

高性能ドライヤー"ヘアビューザー"は髪がツヤツヤになります。ヘアアイロンは老舗メーカーの"クレイツ"のもの。

## おわりに

最後までご覧くださりありがとうございました。

この本の企画がはじまったのは、約3年前。とある熱心な読者さんが、
1通のメールをくださったことがきっかけです。
「Emiさんの本のファンです。次回は、是非ファッションに関する本を……
と期待しています」。

当時はまだ1冊の本に仕上げる自信がなく、
「まずは自分に似合う服を知ることからはじめよう」と撮影しはじめた定点観測。
毎日撮り続けて、自分を客観的にみつめることで、この本が出来上がるころに
ふと気づくと、〝おしゃれ〟〝服選び〟を楽しいと思えるようになった自分がいました。

40歳までもうすぐ。
ここ最近は、年上の50代、60代のすてきな方々とお会いする機会が増えてきました。
ブランドものではないけれど、素材のよい手頃なジャケットに
白いTシャツをあわせてカジュアルに着こなしていらしたり、

グレイヘアの髪に、明るいボーダーカットソーで格好がよかったり。

歳を重ねても〝自分らしさ〟を持って生きていきたい！
流行にとらわれすぎず、自分をみつめて、服も仕組みも、気持ちも更新していこう。

「まっすぐに、でもしなやかに」。

40歳を前にして、自分と、自分の服選びを見つめ直す機会をいただけたことにとても感謝しています。

最後になりましたが、版元である大和書房の小宮さん、
1冊目の『OURHOME』からご一緒する
編集・ライターの杉本さん、
文京図案室の廣田さん、カメラマンの仲尾さん、窪田さん、
ご協力くださったすべてのみなさまに感謝の気持ちを込めて。

2019年11月

emi

# Emi


整理収納アドバイザー／「OURHOME」主宰。双子の息子と娘の母。“片づけ”をキーワードに暮らしを提案する。小学3年生で片づけに目覚め、主婦雑誌を愛読して片づけのノウハウを培う。結婚後、2008年から始めた暮らしのことを綴るブログ「OURHOME」が人気に。カタログ通販大手で収納用品のプランナーを8年務めたのち独立。2012年に立ち上げた「OURHOME」を現在は夫婦で経営。「みつかる。私たち家族の“ちょうどいい”暮らし」をコンセプトに、家具やバッグ等のオリジナル商品の開発、レッスン、暮らしに関する情報の発信を行う。その他にセミナーや講演、FUJIFILMと写真整理アプリ「かぞくのきろく」の開発、学研ステイフルと「おかたづけ育®」文具シリーズの開発、またマンションプロデュースなど多方面で活躍。“家族のコミュニケーションをつくる”をベースに、さまざまな切り口から企画提案を続けている。著書は『おかたづけ育、はじめました。』『わたしらしさを知る マイノートのつくりかた』（以上大和書房）、『OURHOME 子どもと一緒にすっきり暮らす』『仕事も家庭も楽しみたい！ わたしがラクする家事時間』（以上ワニブックス）、『わたしがラクするモノ選び』（主婦の友社）、『親に寄り添う、実家のちょうどいい片づけ』（白夜書房）など全14冊。

HP＆オンラインショップ　ourhome305.com

ブログ　ourhome305yomu.com

インスタグラム　@ourhome305
@emi.ourhome



OURHOME

わたしがラクする服《ふく》選《えら》び

2019年11月25日　第1刷発行

著者

Emi《エミ》

発行者

佐藤 靖

発行所

大和《だいわ》書房

東京都文京区関口1-33-4

電話　03-3203-4511

印刷・製本

廣済堂





ISBN978-4-479-78490-6

乱丁・落丁本はお取替えします

http://www.daiwashobo.co.jp


※本書に掲載されている衣服・小物類は全て著者の私物です。現在入手できないものもありますので、あらかじめご了承ください。

※本書に記載されている情報は2019年10月時点のものです。


staff credit

撮影

仲尾知泰（カバー［表1、プロフィール］、本文下記以外すべて）

窪田いっこ（カバー［表4］、帯、p13［右、左］、14、17［左］、26［上］、28〜29［静物］、30、32、36、37［左］、41、44、45、49［右上、左下］、50、53、55、61［上］、65、66〜69、88、89［右上］、90、91［下］、94〜95、97［上、右、下］、98、100［右、左中］、101［右上、左上］、108〜109［静物］、111［中左右］、112、118［下左右］、119［下中］、122〜125［切り抜き］）

Emi（p13［中左］、15［左下］、16、17［上、右］、18〜23、28［左上］、29［人物］、37［右、下］、39［左下以外］、40、51［右上、左中、左下］、61［下］、77、78［下］、79［下］、80［左上］、81［左］、82［中、下］、85、89［左上、下左右］、96、97［左中］、99、100［上、下］、101［右下、左下］、105、107［上、右］、108［左、中］、109［上、下］、118、119［中］、120［上、下］、121［左上］、124、125［中］、124［左中、左下］、125［中、下］）

AD

三木俊一

デザイン

廣田 萌（文京図案室）

校正

大川真由美

編集＆ライティング

杉本透子